다산의 문장들

단단하게
나를 지키며

품격 있는 어른으로
산다는 것

다산의 문장들

조윤제 지음

삶이 흘러가고 있다, 끝도 없이.
복잡한 마음과 시끄러운 생각을
들여다볼 새도 없이.

더 잘할 수 있다는 욕심과
나아가지 못하는 데서 오는 좌절.
휘몰아치는 분노와 끝나지 않는 고통.

그 사이를 무수히 반복하며 문득 마주한 질문.

"내 마음은 이제 다 어디로 갔는가?"

다산은 성공을 구가하던 이십 년의 세월을
'나를 잃어버린 시간'이라 말했다.

그리고 마흔 무렵,
새로운 삶을 시작하기로 결심한다.

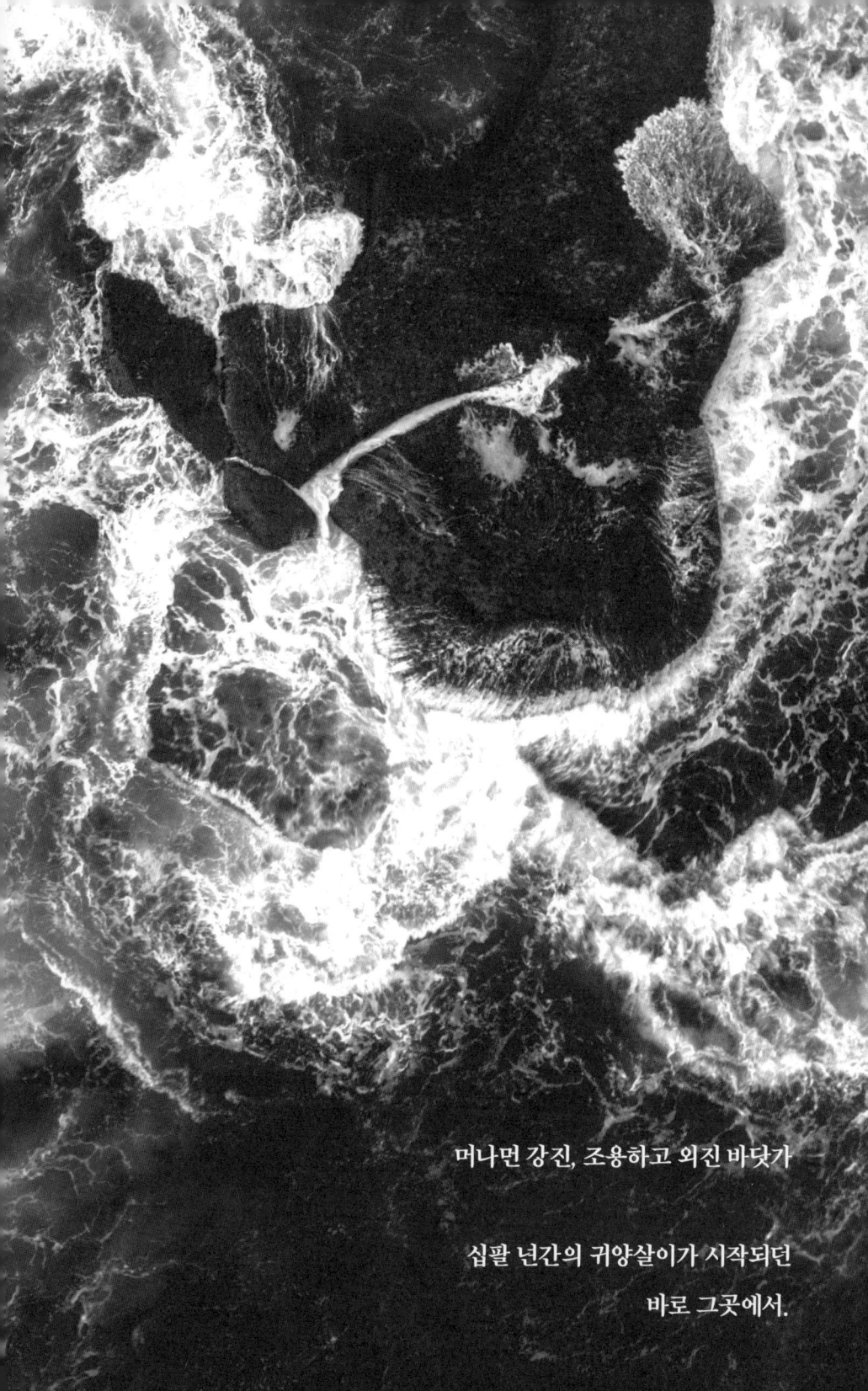

머리말: 나를 잃지 않는 삶을 산다는 것

"신유년 겨울에 내가 영남에서 체포되어 서울로 올라왔다가, 다시 강진 땅으로 귀양을 가게 되었다. 강진은 옛날 백제의 남쪽 변방으로 지역이 가난했고 풍속이 고루하였다. 이곳 백성들은 유배된 사람 보기를 마치 큰 해독처럼 여겨서 가는 곳마다 모두 문을 부수고 담장을 허물어뜨리면서 달아나 버렸다. 그런데 한 노파가 나를 불쌍히 여겨 자기 집에 머물게 해 주었다. 나는 창문을 닫아걸고 밤낮으로 혼자 우두커니 앉아 있었다."

남쪽 바닷가의 외지고 척박한 땅에서 마치 벌레를 대하듯 하는 사람들의 배척과, 머물 곳도 마땅히 없어 가난한 노파의 방 한 칸을 빌려 그곳에 외로이 앉은 사람. 한때 임금인 정조의 총애를 받으며 승승장구했던 다산 정약용이다. 비록 그때는 귀양이 얼마나 오래 계속될지 알지 못했겠지만, 그 상황이 얼마나 절망적이고 비극적으로 다가왔을지 충분히 짐작할 수 있다. 바로 얼마 전 권력의 정점에 있었기에 더욱 그랬을 것이다. 하지만 이어지는 말에서 다산은 절체절명의 절망을 놀라운 회복의 순간으로 바꾸었다.

"이에 잠잠히 기뻐하기를 '내가 여가를 얻었도다' 하고 〈사상례(士喪禮)〉 3편과 〈상복(喪服)〉 1편을 가져다가 침식을 잊기까지 하며 정밀히 연구하고 조사하였다."

우리 민족의 위대한 문화유산인 500권에 달하는 《여유당전서》가 시작하는 순간이었다. 《여유당전서》는 다산이 평생 공부했던 〈사서삼경〉에 대해 연구하고 저술한 책을 비롯해 〈목민심서〉, 〈흠흠신서〉, 〈경세유표〉 등 국가경영에 관한 책, 〈마과회통〉 등의 의학서, 〈아언각비〉 등의 언어학, 〈소학주천〉 등의 어린이 교육서 등 폭넓은 분야로 이루어져 있다. 책은 모두 위국애민(爲國愛民), 즉 나라를 위하고 백성을 사랑하는 한 가지 정신으로 일관되어 있다. 그리고 관직 생활을 할 때부터 꾸준히 써 왔던 시와 글, 임금인 정조에게 올바른 국가 경영의 대책을 올린 책문, 두 아들을 가르치고 여러 학자들과 치열하게 학문을 논한 편지, 스스로를 돌아보며 썼던 반성과 성찰의 글들이 있지만 대부분의 책은 주로 18년간의 귀양 생활 중에 저술한 것이다. 비록 '이제야 비로소 어린 시절부터의 꿈인 학문과 저술을 위한 여가를 얻었다'라며 담대히 집필을 시작했지만, 18년 동안 500권에 가까운 책을 저술하는 것이 어떻게 가능할 수 있었을지 경이롭기까지 하다. 그 답은 다산이 귀양이 끝난 후 환갑을 맞아 쓴 〈자찬묘지명〉에서 자신의 삶을 돌아보며 쓴 글에서 찾을 수 있다.

"나는 일생 동안 육경(六經)과 사서(四書)로 나의 몸을 닦아 왔다. 그리고

〈경세유표〉와 〈목민심서〉, 〈흠흠신서〉의 일표와 이서를 지어 천하 국가를 다스리는 데 도움이 되고자 했다. 이로써 나는 학문의 본말(本末)을 이루었다고 생각한다. 그러나 알아주는 이는 적고, 나무라는 이는 많다. 만약 하늘이 인정해 주지 않는다면, 저 횃불로 내 책들을 모조리 태워 버려도 좋다."

여기서 우리는 다산의 삶의 바탕은 사서삼경(四書三經)의 경전들이라는 것을 알 수 있다. 경전에서 말하는 정성스러운 뜻(誠意, 성의)과 바른 마음(正心, 정심)을 바탕으로 삶을 살아 내고, 거기서 우러나오는 것을 널리 펴서 글을 쓰고, 어떠한 어려움에도 포기하지 않았기에 소명을 이룰 수 있었다. 다산은 글을 만들고 지어낸 것이 아니라 자기 내면에 가득 찬 것을 자연스럽게 풀어내는 방식으로 글을 썼던 것이다. 이렇게 글을 쓰는 사람은 가득 채워진 지식과 경륜으로 세상을 살아가는 이치를 논하고, 바른길을 제시하고, 세상의 아름다운 것에 대한 감동과 바르지 못한 세상에 분노를 쏟아 내며 사람의 마음을 움직이는 명문장을 마치 마르지 않는 샘에서 물이 쏟아지듯 솟아 낼 수 있다. 위 문장의 마지막 글은 자기 소명을 이룬 사람만이 가질 수 있는 당당함이다. 다산은 특히 경전을 연구하면서도 옛 유학자들의 해석을 그대로 받아들이지 않았고, 설사 그 당시 추앙받던 주자의 의견이라고 해도 잘못된 것은 분명히 지적하며 자신의 주장을 폈다. 이런 뚜렷한 주관이 분명히 서 있기에 흔들림 없이 글을 쓸 수 있었고, 위대한 걸작을 마무리할 수 있었다.

고통 속에 피어오른 소명

그러한 과정이 결코 쉽지는 않았을 것이다. 언제 끝날지 모르는 고된 귀양 생활로 마음은 무너지고, 몸을 아끼지 않는 저술 작업에 풍병에 걸려 건강도 허물어졌다. 귀양한 지 10년 후인 1810년, 흑산도에서 귀양하던 작은형 정약전에게 보냈던 편지에 있는 글이다.

"점차 하던 일을 거둬들여 마음 다스림 공부에 힘을 쏟고자 합니다. 하물며 풍병은 뿌리가 이미 깊어 입가에 항상 침이 흐르고, 왼쪽 다리는 늘 마비 증세를 느낍니다. 머리 위에는 잉어 낚시하는 늙은이들이 쓰는 털모자를 쓰고 지냅니다. 근래 들어서는 또 혀마저 굳어 말이 어눌합니다. 스스로 살날이 길지 않음을 알면서도 자꾸 바깥으로 마음을 내달리니, 이것은 주자께서도 만년에 뉘우치신 바입니다. 어찌 염려하지 않겠습니까? 다만 고요히 앉아 마음을 맑게 하려면 세간의 잡념이 천 갈래 만 갈래로 어지러워 갈피를 잡을 수 없습니다. 그래서 도리어 마음을 다스리는 공부가 저술만 못한 것을 깨닫게 됩니다. 이 때문에 문득 그만두지 못하는 것입니다."

몸의 어려움 못지않게 더 심각했던 마음의 어려움을 말하고 있다. 스스로 자기 죄가 그리 오랜 귀양을 치러야 할 정도로 중하다고 여기지 않았고, 곧 귀양이 풀려 사면될 수도 있다는 여러 소식을 전해 들었기에 더욱 그러했을 것이다. 그 소식을 들을 때마다 마음은 흔들렸고,

멈추지 않는 그 순간들이 고통으로 다가왔을 것이다. 하지만 다산은 그런 상황을 피하거나 절망하지 않고 오히려 자신의 본업인 저술에 집중함으로써 이겨냈다. 그 후로도 8년이나 더 계속된 귀양 생활을 이겨 내며 다산은 《여유당전서》를 완성했다.

오늘을 살아가는 우리 평범한 사람들의 삶도 역시 고난과 어려움의 연속이라고 할 수 있을 것이다. 특히 고난에 고난이 겹치는 '설상가상'의 경우도 많이 있다. 설사 첫 번째 고난을 이겨냈다고 해도, 그 고난을 미처 헤어나기도 전에 또 다른 고난이 겹친다면 우리는 쉽게 절망에 빠지고 포기하고 만다. 그때 우리는 다산의 글을 통해 그의 삶을 돌아보았으면 한다. 첫 번째 닥쳐 온 고난에서 자신의 정체성과 소명을 찾고, 그다음 닥쳐 온 고난을 정성스러운 뜻과 바른 마음으로 이겨 낼 수 있다면 우리 역시 주어진 소명을 당당히 이룰 수 있다. 그리고 자랑스럽게 내가 이룬 결과를 말할 수 있을 것이다.

부끄럽지만 내가 겪었던 비슷한 경험을 말하려고 한다. 나는 그동안 다산에 관한 책 세 권(그 외 다산에 관한 일력 한 권이 있다)을 썼다. 다산이 말년에 그동안 쌓아 왔던 학문의 정점에서 최고의 책으로 인정했던 《심경》과 《소학》, 그리고 선비라면 반드시 평생을 두고 읽어야 한다고 가르쳤던 《논어》에 관한 책이다. 그중 두 번째 《소학》에 관한 책인 《다산의 마지막 습관》은 2019년부터 집필을 시작해서 2020년 11월 출간되었다. 한창 집필 중이던 2020년 4월 집안에 큰 우환이 있었다. 아내가 갑작스러운 중병으로 약 2년간 병원 생활을 하게 되었고, 그 당시 이미 두 아들도 모두 자립해 나간 상황이라 나는 집에 혼자 남게 되었다. 처음 경험하는 고통스러운 일에 견디기 어려웠지만, 그 당시 다산의 책을 집필하고 있던 경험이 오히려 나에게는 큰 도움이 되었다. 사람들은 어떻게 그런 상황에서 글을 쓸 수 있느냐고 말했지만, 다산의 글을 읽고 또 그에 관한 글을 쓰면서 눈앞의 상황이 아니라 주어진 소명에 집중했던 다산의 모습이 더욱 절실히 나에게 다가왔기에 나는 글을 멈추지 않을 수 있었다. 나 역시 집필에 집중함으로써 마음의 어려움을 이겨 낼 수 있었던 것 같다. 다행히《다산의 마지막 습관》은 무사히 탈고했고, 독자들에게도 큰 사랑을 받을 수 있었다. 그 후로도 세 번째 책《다산의 마지막 질문》을 쓰면서 다산의 글은 더욱 나와 친밀하게 되었고 어려운 상황을 이겨 내는 데 큰 힘이 되었다.

진정한 어른이란 무엇인가?

다산은 자신이 썼던《여유당전서》에 대한 바람을 이렇게 말했다. 아마 글을 쓰는 사람이라면 누구나 공감하는 마음일 것이다.

"용이 귀양지에 있은 지 18년 동안에 경전에 전심하여 시(詩), 서(書), 악(樂), 역(易), 춘추(春秋) 및 사서(四書)에 대해 저술한 것이 모두 230권, 정밀히 연구하고 오묘히 깨쳐서 성인의 본뜻을 많이 얻었으며 시문을 엮은 것이 모두 70권이니 조정에 있을 때의 경험을 담은 작품이 많았다. 법규와 제도 및 목민(牧民, 백성을 다스림) 송사, 국방, 국토 등 국가의 일과 의약 문자 등을 편찬한 것이 거의 2백 권이니, 모두 성인의 경전에 근본을 두었으며, 시의(時宜)에 적합하도록 힘썼다. 이것이 없어지지 않으면, 혹 긴요히 쓸 사람이 있으리라."

다산은 자신의 책이 그 당시의 시대와 상황에 맞아서 많은 사람들이 읽고 도움받기를 바랐다. 하지만 내가 생각하기에 다산은 오히려 지나치게 겸손했던 것이 아닌가 한다. 《여유당전서》는 그 당시는 물론 그로부터 200여 년이 지난 오늘날까지도 우리에게 큰 가르침이 되고 있다. 특히 나는 《여유당전서》를 몇 번에 걸쳐 읽으면서 다산에게서 오늘날 쉽게 보기 힘든 진정한 어른의 모습을 발견했다. 다산은 자신이 성장함으로써 주위 사람들을 함께 성장시키고, 세상을 바르게 하기를 꿈꾸었다. 그리고 좌절 속에서도 새로운 길을 찾아 자신의 소명을 완성했고, 어떤 어려움에서도 뜻과 의지를 굽히지 않는 진정한 어른의 품격을 보여 주었다.

맹자는 어른을 이렇게 정의했다. "어른은 스스로를 바르게 함으로써 만물을 바르게 하는 사람이다 有大人者 正己而物正者也(유대인자 정기이물정자야)." 자신은 바르지 않으면서 남들에게만 요구하는 사람, 평소에는 그럴듯하게 행동하지만 어려움이 닥치면 비겁해지는 사람, 사회적으로 지위와 명성은 있지만 내면이 허물어지고 찌든 사람은 진정한 어른이 아니다. 어른은 먼저 스스로를 바르게 함으로써 주위의 모든 것들을 바르게 이끌어 가는 사람이다. 특별히 말하지 않아도 사람들은 그의 삶과 글을 보고 진정한 어른의 품격을 느낀다. 흔히 품격 있는 사람을 '향기로운 사람'이라고 표현한다. 다산의 향기는 오늘날에도 진하게 풍기고 있다.

　나는 다산의 글을 거듭해 읽으면서 내 마음을 흔드는 글들을 만날 수 있었다. 나 역시 처음에는 몇 번을 읽어도 이해하지 못하는 글들도 있었지만, 읽을수록 깊이 새길 수 있었다. 혼자만 알고 있기에는 너무 아쉬워 내 마음을 뒤흔든 다산의 글들을 모아 보았다. 아마 이 글에는 흔히 기대하는 마음을 간지럽히는 글, 마음을 편안히 해 주는 감성의 글은 없을 것이다. 얕은 위로나 자기 연민에 빠지는 글은 더욱이 없다. 독자들은 내가 그랬듯이 그동안 책을 통해 느끼지 못했던 감정을 만날지도 모르겠다. 강직함 속의 부드러움, 엄격함 속의 자상함, 단호함 속의 아름다움이다.

　책은 배우고 싶은 다산의 학문, 고통과 고난을 이겨내는 올곧음, 닮고 싶은 삶, 스스로를 돌아보는 성찰, 사랑하고 배려하는 관계의 지혜, 그리고 이루고 싶은 좋은 세상의 6개 장으로 나누어 각각 엮었다. 내가 그랬듯이 독자들은 글을 읽으며 그동안 잊고 있었던 자신을 만나고 이루고 싶었던 꿈과 인생을 찾을 수 있을 것이다. 그것을 위해 이 책은 단순히 읽는 데 그치는 게 아니라 한 문장 한 문장 글로 쓰며 마음에 새겼으면 한다.

　마음에 새겨질 때 진정한 내 것이 된다.

조윤제

| 차
| 례

머리말: 나를 잃지 않는 삶을 산다는 것 12

1장 | 배움에 관하여
안기간(安其幹),
올바른 뜻과 바른 마음으로 채우고 쓴다

스스로 타협하지 않고 바른길을 걷는다 26 | 주막집 노파가 가르쳐 준 큰 깨달음 29 | 폐허가 사색의 공간이 되다 32 | 권위가 있다고 언제나 옳은 것만은 아니다 36 | 배움은 단숨에 이루어지지 않는다 39 | 그만두지만 않는다면 돌에도 무늬를 새길 수 있다 42 | 학문 앞에선 물러서지 않는다 46 | 가르침을 받고도 어찌 악에 머물러 있는가? 48 | 자신의 부족함을 아는 사람은 남과 비교할 시간이 없다 50 | 함부로 가르치지 말 것, 설사 내가 옳을지라도 52 | 겉치레에 그치는 가르침에 속지 마라 55 | 배움의 본질은 무엇인가? 58 | 배움을 진정으로 사랑하는 마음 61 | 독서는 인간으로서 마땅히 해야 할 의무 64 | 책과 글의 향기는 난초의 향기보다 깊고 진하다 66 | 돌이켜 고치는 사람만이 성장한다 68 | 큰일을 맡을 자격은 누구에게 있는가? 70 | 마음이 올바르다면 자연히 무릎을 꿇게 된다 72 | 지식을 '내 것'으로 만드는 공부법 74 | 배움이 부모의 굶주림보다 중한가? 76 | 큰 산이 우뚝 선 것처럼 고요히 78

2장 | 고난에 관하여
수이부실(秀而不實),
괴로움 속에 머물며 자기 길을 지킨다

중병의 고난도 나를 멈추게 하지 못한다 84 | 마음을 잃는 것은 자신을 잃는 것이다 86 | 곤욕은 근심거리가 아니다, 곤욕을 괴로워하는 것이 근심이다 88 | 낭중지추와 같이 때를 기다리는 법 92 | 막다른 길에 다다랐을 때 비로소 역량이 드러난다 96 | 촛불에 비친 국화꽃의 그림자 98 | 사흘을 놀다 보니 얻은 시가 이십여 수 100 | 고난을 벗어나는 것만이 고난을 이기는 게 아니다 103 | 비통함을 만든 이는 누구인가? 106 | 고난의 시기를 함께 건넌 두 권의 인생 책 109 | 군자는 부지런히 선을 행할 뿐이다 112 | 시 짓기의 어려움에서 삶의 본질을 발견하다 114 | 쓸쓸한 가을바람 뒤에도 겨울 추위는 불어온다 116 | 금수에게는 없지만 인간에게는 있는 것 118

3장 | 인생에 관하여
배기근(培其根),
내 삶에 단단한 뿌리를 내린다

뜻이란 말하지 않아도 저절로 알게 되는 것 124 | 삶을 대하는 다산의 두 가지 태도 126 | 반드시 서울에 머물러야 하는 이유 128 | 인생의 즐거움은 어디에 있는가? 130 | 돈이 없으면 연못을 파서 물고기라도 길러라 132 | 복을 짓는 사람과 복을 구하는 사람 134 | 중앙을 얻었으면 어디를 가도 중국 아니겠는가? 137 | 호가 없는 사람 142 | 인생을 살아가는 다섯 가지 방법 144 | 부란 좇는다고 해서 반드시 얻어지지 않는다 147 | 당신이 소리를 내는 까닭은 무엇인가? 150 | 모든 것은 극에 달하면 반드시 되돌아간다 152 | 인상을

바꾸고 싶으면 행실을 똑바로 해라 154 | 전장에서 승리하는 장수는 무엇이 다른가? 156 | 사슴을 쫓는 사람은 태산을 보지 못한다 158 | 이름에 걸맞게 살아가고 있는가? 160 | 스스로 게을러져 근본을 잃지 마라 162 | 근(勤)과 검(儉)은 군자의 행실이다 164

4장 | 성찰에 관하여
소각위축(所覺爲蓄),
마음을 살피고 깨달음을 쌓아 나를 성장시킨다

사의재(四宜齋)에서 자신을 돌아보다 170 | 예순에 묘지명을 직접 쓰며 172 | 두고두고 부끄러운 일은 아닌가? 174 | 글에 집착하는 자기 욕심을 성찰하다 176 | 신중하고 두려워하는 마음으로 절제하라 179 | 잘못을 고치지 못하는 것이 나의 잘못이다 182 | 천하에 '나'보다 더 잃기 쉬운 것이 없다 186 | 단점에 대한 솔직한 고백 188 | 나는 나이에 합당한 존재인가? 190 | 선을 따르기는 산을 오르듯 어렵다 192 | 한 톨의 밤을 빼앗겨 우는 어린아이와 같이 194 | 우리의 마음 안에 있는 허다한 병통 196 | 뉘우쳐야 할 일이 형보다 만 배나 많다 198

5장 | 관계에 관하여
덕불고(德不孤),
진실한 마음으로 사귀고 지혜롭게 대한다

깊은 사랑은 말하지 않아도 전해진다 204 | 조화를 이루되 동화되지 않는다 206 | 지나친 칭찬을 주고받는 건 진정한 우정이 아니다 209 | 해야 할 말은

반드시 한다 212 | 덕으로 사귄 벗은 쉽게 멀어지지 않는다 214 | 총애를 얻고 있는가, 아니면 존경을 쌓고 있는가? 217 | 황금을 다 써도 사람 설득하기가 어렵다 222 | 온화한 감정이 온화한 관계를 부른다 224 | 절대 가까이 해서는 안 되는 사람 226 | 잘 빚은 옹기그릇도 작은 구멍 하나에 쓸모가 없어진다 228 | 상대의 잘못을 꼬집는 것보다 중요한 것 230 | 다른 사람과 마음을 같이한다 232 | 어떤 사람과 함께하고 싶은가? 234

6장 | 세상에 관하여
선기소축(宣其所蓄),
베풂과 가르침으로써 널리 사람을 이롭게 한다

세상에 악을 끼치는 위정자들 240 | 사람을 살피기에 부용당이 낫다 243 | 귀족 자제들의 열등한 정신 상태에 대하여 246 | 나라의 품격은 사람들의 말과 글에서 드러난다 248 | 중국과 오랑캐의 구분 250 | '목민심서'라 이름붙인 까닭 252 | 재물로 산 덕은 만고에 오래 남는다 256 | 하늘이 인재를 낸 뜻이 어찌 이러한가? 258 | 나라의 지도자는 여민동락한다 260 | 자식에게 물려주어야 할 유산은 무엇인가? 263 | 은근히 사회를 망치는 나쁜 유형의 사람들 266 | 배운 것을 잘못된 수단으로 쓰는 야바위꾼들 268 | 진정한 선행이란 무엇인가? 270 | 재물을 비밀리에 숨겨 두는 법 272

1장

배움에 관하여

안기간(安其幹),
올바른 뜻과 바른 마음으로 채우고 쓴다

스스로 타협하지 않고
바른길을 걷는다

1790년 겨울, 임금께서 명하시어 밤늦게까지 상의원에 있었다.
그곳에서 《논어》를 읽고 있는데,
규장각의 서리가 찾아와
소매에서 종이 하나를 내어 보이며 말했다.

"이것은 내일 경연에서 강의할 장(章)입니다."

나는 깜짝 놀라 이렇게 말했다.

"이것은 주상 전하의 강원(講員)으로,
내가 어찌 엿볼 수 있겠는가?"
"심려치 마시지요. 상감마마께서 내리신 분부입니다."
"그렇더라도 감히 엿볼 수 없네. 내 마땅히 전편을 읽으리다."

서리는 웃으며 가 버렸다.
이튿날 경연에 나아가니, 임금께서 내각의 관료에게 명하셨다.

"약용에게는 모름지기 다른 장을 별도로 명하라."

내가 강을 하며 틀리지 아니하자, 임금의 얼굴에 미소가 번졌다.

'과연 전편을 읽었구나!'

_〈자찬묘지명〉

정조가 다산에게 전해 주려 했던 것은 다음날 해야 할 강연의 주제였다. 미리 읽고 공부해서 실수하지 말라는 뜻이었지만 다산은 미리 엿볼 수 없다고 거절했다. 설사 임금이 알려 주려 했던 것이라 해도 다산은 학문의 편법을 인정하지 않았다. 정조는 장난 삼아 '다른 장을 강연해 보라'라고 다산을 시험했지만, 다산은 아무런 오류 없이 강연을 마쳤다. 정조는 타협하지 않는 다산의 고지식함이 가상했을 것이고, 그의 학문적 재능에 놀랐을 것이다.

이 일화를 통해 드러나는 것은 다산의 학문이 지닌 자기 앞의 엄격함이다. 누구도 속이지 않았지만, 그는 스스로 속지 않으려 했다. 스스로 타협하지 않고 바른길을 간다면 늦은 것 같으나 가장 빠른 길이 될 수 있다. 가장 높은 차원의 정직은 자기 자신에게 정직한 것이다.

공자는 말했다. "남이 나를 속일까 남이 나를 믿지 않을까 미리 걱정하지 말고 스스로 먼저 깨우친 사람이 현명한 것이다不逆詐 不億不信 抑亦先覺者 是賢乎(불역사 불억불신 억역선각자 시현호)." 다산은 이러한 태도를 삶으로 증명했다. 타협하지 않고 묵묵히 자신의 길을 걷는 자는, 더디 가는 듯 보일지라도 결국 가장 빠르고 깊은 신뢰로 나아간다.

주막집 노파가 가르쳐 준 큰 깨달음

어느 날 저녁, 주인 노파와 한담을 하다가 노파가 갑자기 물었습니다.

"영공은 글을 읽으셨으니 이 뜻을 아시는지요?
부모의 은혜는 다 같지만, 어머니는 더욱 수고가 많습니다.
그런데 성인(聖人)이 가르침을 줄 때
아버지는 중히 여기고 어머니를 가볍게 여겨,
성씨는 아버지를 따르게 하고 의복도 어머니에게는 낮추게 하고
아버지 쪽은 일가를 이루면서 어머니 쪽은 도외시하니
너무 치우친 것이 아닌지요?"

그래서 내가,
"아버지께서 나를 낳으셨기 때문에
옛날의 책에도 아버지는 나에게 처음 생명을 주셨다고 하였소.
어머니의 은혜가 비록 깊지만
하늘이 만물을 내는 것과 같은 큰 은혜가
더욱 무거운 것입니다"라고 답했습니다.

그랬더니 노파가,
"영공의 말씀은 아직 미흡한 것 같습니다.
내가 생각해 보건대 풀과 나무에 비교하면
아버지는 종자요, 어머니는 토양입니다.
종자를 땅에 뿌리는 일은 지극히 보잘 것 없지만
토양이 길러 내는 공은 아주 큰 것입니다.
그러나 밤톨은 밤이 되고 벼의 씨앗은 벼가 되니
그들이 온전하게 이루어지는 것이야 모두 토양의 기운 때문이지만
결국 족속이 나누어지는 것은 모두 종자에 연유하는 것입니다."

나는 이에 뜻밖에도 확연히 깨달음을 얻고 큰 공경심이 일어났습니다.
천지간의 지극히 정밀하고 미묘한 이치가
바로 밥 파는 노파에 의해서 발로될 줄이야
누가 알았겠습니까?

_〈작은형께 보냄〉

지식은 학자들의 몫이다. 평생을 책과 씨름하고 학문을 연마하며 보낸다. 그러나 지혜는 다르다. 시골의 무지렁이 노파도, 아예 배움이 없는 무학자도 얼마든지 지혜로운 사람이 될 수 있다. 따라서 진정한 지식을 추구하는 사람은 누구에게나 배울 줄 안다. 다산 역시 주막집 노파가 오랜 삶을 통해 깨달은 생명의 이치를 듣고 깊은 감명을 받았다.

《논어》에는 이렇게 쓰여 있다. "세 사람이 길을 가면 그 가운데 반드시 나의 스승이 있다三人行 必有我師(삼인행 필유아사)." 다산은 이 말의 참뜻을 삶으로 실천했다. 만약 사람의 지위와 학식에 따라 배움의 대상을 선별해서 취한다면 그 지식은 결국 편협하고 쓸모없는 껍데기에 지나지 않게 된다. 사람 사이의 차이를 먼저 보지 않고 누구에게나 배우고자 했던 그 겸허한 마음이야말로 진정한 지식인의 품격이었다.

폐허가 사색의
공간이 되다

반학정은 버려진 지 오래된 정자다.
주위 사람에게 버려진 까닭을 물었더니,

"정자에는 귀신이 살아서 혹 병을 얻든지
그렇지 않으면 놀래고 두려워서 잠을 이루지 못하기 때문에
폐허가 되었습니다" 하였다.

나는 "귀신이라는 것은 오로지 사람이 부르는 것이니,
내 마음에 귀신이 없으면 귀신이 어찌 스스로 올 것인가?" 하고,
다음날 바로 아버지를 뵙고 말씀드렸다.

"반학정은 그윽하고 조용하여
독서를 하고 시를 지을 만한 곳입니다.
관아와도 거리가 떨어져 있고 빙 둘러 담으로 막혀 있어
시끄러운 소리도 들리지 않으니,
참으로 자제가 거처할 만한 곳입니다.
오늘 닦아 내고 쓸어 낸 후에

침상과 이불을 옮기려고 합니다" 하니
"네가 하고 싶은 대로 하라" 하셨다.

_〈반학정기〉

다산이 젊은 시절, 아버지의 부임지인 예천에 갔을 때의 일이다. 당시 지방관인 부모를 따라 간 자식들은 술과 여자 등 유흥에 빠지거나, 관청의 일에 관여하면서 온갖 횡포를 부리며 세월을 보냈다. 하지만 다산에게 그 시간은 오히려 학문을 벼리는 고요한 시기가 되었다. 귀신이 나온다고 버려진 곳이었던 정자도 책을 읽고 시를 쓰는 공간이 되었다. 다산은 그곳에 머물면서 이렇게 말했다.

"내가 이 정자에 살게 되면서 글을 짓고 책을 보는 데에만 뜻을 두었더니, 사람들이 말하는 '귀신이 대들보에서 읊조리고 계단을 걸어 다니는' 일은 전혀 흔적도 없었다. 늘 밝은 달이 물에 비쳐 그윽한 달빛이 문안으로 들어오고 나무 그림자가 너울너울 움직이며 꽃향기가 코를 찔렀다."

세간의 두려움에 흔들리지 않고 내면의 고요를 지킨 이 젊은 학자는, 공포의 공간을 사색과 수양의 공간으로 바꾸어 냈다.

《맹자》는 "군자에게는 평생토록 근심하는 것은 있어도, 하루아침의 근심은 없다君子有終身之憂 無一朝之患(군자유종신지우 무일조지환)"라고 말했다. 다산에게 근심이 있었다면, 그것은 귀신이나 외부의 헛된 소문과 같은 하루아침의 근심이 아니라 자신의 삶을 어떻게 단련하고 가꾸어야 하는가에 대한 끊임없는 질문과 성찰이었을 것이다. 순간의 공포나 외부의 요란함은 그를 흔들 수 없었다. 오직 마음의 중심에 놓인 학문과 성찰만이 그를 움직였다.

권위가 있다고 언제나 옳은 것만은 아니다

그러나 마음에 옳게 여겨지는 것은 옳게 여기지만
마음에 분명히 옳다고 여겨지지 않는데도
이를 억지로 따를 것인가?

_〈상례사전 서〉

오직 옳은 길을 가고자 하는 사람은 삶에서뿐 아니라 글을 쓰는 데에도 같은 태도를 지닌다. 다산이 장례 예법에 관한 책《상례사전》을 집필하던 당시, 그는 기존의 권위 있는 예서(禮書)인《사상례》에서 수많은 오류를 발견했다. 많은 이들이 오랜 권위에 주눅이 들어 그릇된 내용을 그대로 따르곤 했지만, 다산은 달랐다. 아무리 권위 있는 책이라 해도 잘못된 것은 그냥 두고 볼 수 없는 것이 진정한 배움의 자세다.

그가《사상례》를 연구의 출발점으로 삼은 이유는 단순히 문헌의 오류를 고치기 위함만은 아니었다. 조선 사회에 깊게 뿌리내린 장례의 폐습과 그로 인한 사회적 병폐를 바로잡고자 함이었다.《상례사전》은 무려 60권에 달하는 만큼 방대한 작업이었고, 강진에 유배된 후 1803년에 집필을 시작하여 1년 만인 1804년에 완성했다. 낯선 곳에서의 유배 생활 속에서도 그는 지식인의 본분이란 권위에 기대지 않고 진리를 밝히는 데 있다는 신념을 꿋꿋이 지켜냈다.

만약 자신이 옳다고 믿는 것을 드러내지 못하고 명성과 권위에 눌려 침묵했다면 그것은 자기 생각을 포기하는 것이자, 자기 삶을 포기하는 것과도 같았을 것이다.

《맹자》는 "지식은 옳고 그름을 가리는 마음을 바탕으로 한다是非之心

智也(시비지심 지야)"라고 말했는데, 다산은 이 '시비지심'을 삶과 글에 모두 새겼다. 지식은 외운 것을 쌓는 데서 그치지 않고 세상의 그릇된 것을 바르게 가려내는 데서 진정한 빛을 발한다. 그의 글이 오늘날까지 살아 있는 이유도 바로 그 곧은 심지 때문이다.

배움은 단숨에 이루어지지 않는다

글에는 많은 종류가 있다.

과문(科文)•이 가장 어렵고
이문(吏文)••이 그다음이다.
고문(古文)•••은 쉽다.

그러나 고문의 지름길을 통해 들어가는 사람은,
이문이나 과문은 따로 애쓰지 않아도 파죽지세처럼 익힌다.
과문을 통해 들어가는 사람은 벼슬을 해서 관리가 되어도
공문서 작성에 모두 남의 손을 빌려야 한다.
서문이나 기문, 혹은 비명(碑銘)의 글을 요청받으면,
몇 글자 쓰기도 전에 그 졸렬한 실력이 다 드러나게 된다.

과문은 진정으로 어려운 것이 아니다.
그 방법이 잘못된 것이다.

_〈다산이 제자들에게 준 글〉

- • 과거를 위한 글
- •• 관리를 위한 글
- ••• 경전의 글

과거 공부를 하는 사람들이 고전의 기초를 탄탄히 다지지 않은 채, 당장 시험에 합격하려는 조급함으로만 공부에 임했다. 그러나 그런 태도는 오히려 성공을 더디게 하고 실력을 위태롭게 만든다.

오늘날로 말하자면, 소위 '족집게 과외'나 단기 암기식 시험 전략이 그와 다르지 않다. 하지만 그래서는 진정한 공부 실력을 키울 수 없다. 성적은 일시적으로 오를 수 있어도, 그 공부는 기반을 쌓는 공부가 아니라 결과만을 좇는 공허한 반복이기 쉽다. 그런 방식으로는 결국 사회에 나와서도 제대로 된 쓰임을 갖지 못하는 사람이 될 수 있다. 어떤 공부든 기본을 탄탄히 해야 쉽게 무너지지 않는다. 이러한 이치는 다른 모든 일에서도 마찬가지다.

《논어》에는 "비유하자면, 산을 쌓을 때 마지막 삼태기의 흙을 더하지 않아 완성하지 못하는 것도 내가 멈춘 것이고, 평평한 땅에 겨우 한 삼태기의 흙을 더했을 뿐이라도 앞으로 나아가는 것 역시 내가 해낸 것이다"라는 이야기가 나온다. 다산은 이미 이를 명확히 알고 있었다. 남들보다 조금 더 일찍 도달하려고 사술(詐術)을 쓰고 편법을 동원한다면 잠깐 성공할지는 몰라도 곧 낭떠러지를 만나게 된다는 사실을.

배움이란 단숨에 이루어지는 것이 아니라, 작은 진전을 포기하지 않고 이어가는 의지의 산물이다. 진짜 실력은 그런 한 삼태기의 흙에서부터 시작된다.

그만두지만 않는다면
돌에도 무늬를 새길 수 있다

이제 《논어》를 가져다가
《집해》*와 《집주》**의 예를 의거해
천고의 것을 모아 하나의 책으로 엮고 싶습니다.

이것이 스스로 그 뜻을 찾아내 집필하는
육경의 연구 작업과 크게 차이가 없지는 않으나,
정력을 허비하고 마음을 쓰는 것이 결코 적지는 않습니다.

지금은 기력이 점점 쇠약해져 몇 달 사이에 빠진 이가 셋입니다.
글과 붓을 사절하고 자연과 벗해 노닐면서
세월이나 보내겠다고 결심했지만
돌이켜보면 안타까울 뿐입니다.

《논어》에 대한 고금의 여러 학설을 수집했던 것이 적지 않습니다만,
한 장씩 대할 때마다 그것들을 모조리 고찰해
좋은 것을 취해다가 간략히 기록했습니다.
그중에서 의견이 대립하는 것은 취해다가 논평하고 단정했으니,

- • 하안의 주석서
- •• 주자의 주석서

새로 더 보충할 것이 없겠습니다.
그런데도 고금의 학설들을 두루 고찰해 보면
이치에 합당하지 않은 것이 많습니다.

이때는 어쩔 수 없이 책을 덮고 눈을 감은 채 앉아
밥 먹는 것도 잊고 잠자는 것도 잊노라면
반드시 새로운 의미나 이치가 번뜩 떠오릅니다.

하늘이 제게 세월을 더 줘 작업을 마칠 수 있게 해 준다면
제법 볼 만한 책이 나올 것 같은데,
탈고할 방법이 없으니 매우 안타깝습니다.

_〈작은형께 보냄〉

다산은 《논어》에 관한 많은 학자들의 주석을 모아 편찬하고 자신의 생각을 덧붙여 《논어고금주》라는 독자적인 주석서를 완성했다. 학문의 즐거움을 느끼고 더 좋은 세상을 향한 이상을 꿈꾸는 원대한 작업이었다. 하지만 집필 과정은 결코 순탄하지 않았다. 단지 이가 빠질 정도의 체력적인 한계 때문만은 아니었다. 믿었던 학자들의 해석에서 오류를 발견하는 것이 다산에게는 더욱 참을 수 없는 일이었다. 하지만 다산은 학문의 주체성과 진실성에 있어서는 타협을 모르는 사람이었다. 아무리 존경받는 성리학자 주자의 해석이라고 해도, 다산은 아닌 것은 아니라고 분명히 밝혔다. 자신이 옳다고 믿는 해석 앞에서는 권위도, 누구의 이름도 그를 흔들 수 없었다.

《순자》는 "중간에 그만두지 않으면 쇠와 돌에도 무늬를 새길 수 있다鍥而不舍 金石可鏤(계이불사 금석가루)"라고 말한다. 다산은 바로 그 끊임없이 새기는 사람, 멈추지 않는 학문과 사유의 장인이었다. 이가 셋이나 빠지는 고통과 해석의 오류로 인한 좌절 속에서도 손을 놓지 않았기에 다산은 끝내 자신만의 걸작을 완성할 수 있었다.

자신이 옳다고 믿는 것을 드러내지 못하고
명성과 권위에 눌려 침묵했다면
그것은 자기 생각을 포기하는 것이자,
자기 삶을 포기하는 것과도 같다.

학문 앞에선
물러서지 않는다

공자의 옛집에서 나왔다는 《상서(尙書)》에 대해
두 가지 의문을 제기한 것은
선생의 혹독함이 너무 심하다고 생각합니다.
군자는 중후하고 과묵해야 하니
마음 내키는 대로 다 말해서는 안 될 것 같습니다.

한번 생각해 보십시오.
또 이런 주장을 해서 장차 어찌하려고 그러십니까?

큰 도적이 성문 앞에 닥쳐 군사가 활시위를 잔뜩 당기고 있는데,
우리 편 대장이 젊었을 때 비록 아름답지 못한
행실이 있었다손 치더라도
어느 겨를에 이러쿵저러쿵하겠습니까?

_〈작은형에게 답함〉

다산에게 작은형 정약전은 단순한 형제가 아니었다. 서로를 깊이 알아주는 지기였고, 함께 학문의 길을 걸은 동지였으며, 험한 귀양 생활에 서로 의지하는 버팀목이었다. 목숨도 아끼지 않을 귀한 존재였지만 학문적 이견에서는 결코 물러섬이 없었다. 다른 모든 것은 포용하더라도 학문에 있어서는 양보하지 않는 단호함. 그것은 단지 성격이 아니라 다산이 학문을 완성하는 바탕이 되었다.

여기서 또 한 가지 눈여겨볼 것은 비유를 통해 주장을 펴는 일이다. 비유는 글을 읽으며 상상하게 하므로 더욱 생생하게 자기의 뜻을 전달하게 하는 힘이 있다. 다산은 자신의 생각을 설득력 있게 전하기 위한 방법으로 이런 비유의 방식을 쓰곤 했다. 공자의 집에서 발견된 상서에 대해 정약전이 의문을 제기하자, 다산은 사소한 것보다는 본질에 집중하는 것이 좋겠다고 생각해 이러한 비유를 했다.

가르침을 받고도
어찌 악에 머물러 있는가?

귀함과 천함은 확실히 나뉘어 두 부류가 되고,
중화와 오랑캐도 확실히 나뉘어 두 부류가 되니,
이를 이름하여 '무리(類)'라고 한다.

그러나 선악에 이르러서는
한 집안에서도 유하혜 같은 성인과
도척과 같은 악인이 섞여 있기도 하고,
한 사람의 몸에서도 사악하고 정직한 것이 문득 변하고들 하니,
어떻게 이를 두 부류로 구별할 수 있겠는가?

만약 인성을 논한다면,
비록 가르침이 없더라도 또한 서로 다른 부류가 아니다.
하지만 선악의 판별은
항상 가르치고 가르치지 않은 다음에 있는 것이니,
가르침이 있기 전에 먼저 그 부류를 구별해서는 안 될 듯하다.

_《논어고금주》

자신이 몸담은 시대적 상황을 초월하기란 쉽지 않다. 특히 타고난 신분에 대해서는 더욱 그렇다. 이것은 교육으로도 어찌할 수 없는 부분이다. 그러나 사람의 선악은 다르다. 가르침이 있다면 고칠 수 있다. 문제는 가르침을 받고도 여전히 악을 고집하는 데 있다. 가르침이 있었음에도 고치지 않고 악한 사람으로 머물러 있다면, 그런 사람은 신분의 귀천과 관계없이 마땅히 구분되고 공동체에서 배제되어야 한다. 아무리 높은 지위에 있더라도 선악을 분별하지 못한 채 악에 머문다면 예외일 수 없다.

다산은 《여유당전서》에서 신분과 지역, 출신의 한계를 뛰어넘어야 한다고 거듭 강조했는데, 그 해법은 단 하나, 차별 없는 가르침이었다. 《논어》에서 말한 "가르침에는 차등을 두지 않는다^{子曰 有敎無類}(자왈 유교무류)"가 바로 그것이다. 신분을 바꾸기는 어려워도, 누구에게든 올바른 가르침만 있다면 악은 선으로 옮겨 간다. 다산에게 이는 불합리한 신분 질서를 넘어 모두에게 열려 있는 학문의 원칙이었다.

자신의 부족함을 아는 사람은
남과 비교할 시간이 없다

내가 남의 시권(試卷)을 열람한 것이 백을 헤아릴 정도인데,
헐뜯어야 할 것인가? 사람들이 싫어할 것이다.
그렇다면 칭찬해야 하는가? 내가 싫어하는 것이다.

그러므로 대체로 이런 일을 만나게 되면
벌써 이마에 주름이 잡히고 눈썹이 곤두선다.

_〈**강릉 최동호의 시권에 제함**〉

다산은 사촌 동생 공권(公權)이 '강릉의 문장가 최동호(崔東浩)의 시를 품평해 달라'고 하자, 완곡히 거절했다. 그러다 최동호의 문장이 뛰어남을 보고는 서둘러 그가 머무는 곳으로 달려갔다. 남을 함부로 평가하지 않되, 뛰어난 점을 보면 사심 없이 인정하는 태도. 이것이 진정한 학자의 자세가 아니겠는가?

　공자의 일화 중에는 이런 내용이 전해진다. 공자의 제자로 알려진 자공이 습관적으로 남과 비교하자, 공자는 이렇게 말했다. "자공아, 너는 현명한가 보구나. 나는 바빠서 그럴 겨를이 없다子貢方人 子曰 賜也 賢乎哉 夫我則不暇(자공방인 자왈 사야 현호재 부아즉불가)."

　자신의 부족함을 알고 수양하는 사람은 남과 비교할 시간이 없다. 자기 부족함이 안타까운 탓에, 그리고 스스로의 결점을 고치고 더 나은 사람이 되고자 하는 마음에 조급함이 있기 때문이다. 뛰어난 사람일수록 더욱 그렇다.

　다산은 비교와 평가보다 자기 수양에 더 많은 시간을 쏟았다. 그리고 남의 장점을 발견하면 기꺼이 배우고 인정했다. 그것이 그를 더 깊고 넓은 학문으로 이끈 힘이었다.

함부로 가르치지 말 것, 설사 내가 옳을지라도

보내 주신 글에서 단(端) 자에 대한 주장이 이와 같으시니,
다만 마땅히 삼가 세월을 기다려야겠습니다.
그러나 근자에 이 일 때문에 한 사람이
알지 못할 마음의 병을 얻었습니다.
촛불을 끈 뒤에도 한참 동안 잠을 못 이루고,
닭이 울면 문득 깨어 다시 이리저리 생각에 사로잡힙니다.

혼자 가만히 말해 봅니다.

"사단(四端)이 핵심이 된다는 것은
내 마음에 이처럼 또렷하게 의심이 없어 털끝만큼의 막힘도 없다.
문산(文山)이 어째서 이처럼 고집을 부리는지 정말 모르겠다.
이제 비록 중언부언해 봐야 아무 도움이 안 될 줄은 안다.
하지만 그가 귀찮아하는 기색이 없는데
또한 감히 별다른 이유도 없이 스스로 그만둘 수 있겠는가?"

_〈이여홍에게 답함〉

영암군수의 아버지 이여홍과 친분을 맺은 다산이 그와 몇 번째 주고받은 편지글이다. 여기서 알 수 있듯이 두 사람은 학문에 대한 의견을 자주 나눴다. 마음이 합치되는 주장에는 서로 공감했지만, 이견이 있을 때는 치열하게 논쟁하며 자기주장을 펼쳤다. 성선설의 바탕이 되는 맹자의 사단(四端)에 관한 논쟁도 그러했다. 두 사람은 서로의 견해를 밝히고자 끊임없이 편지를 주고받았다. 결국 결론을 내지는 못했지만 우정은 끝까지 이어졌다.

이 과정에서 다산의 학문에 대한 태도를 잘 알 수 있다. 스스로 확신한 이론은 어떤 사람에게도 굽히지 않았고, 그 과정이 아무리 힘들어도 포기하지 않았다. 그러나 방법에 있어서는 품격을 잃지 않았다. 학문의 이견이 분명하더라도 감정적으로 대하거나 개인적인 미움을 비추는 것이 아니라, 진실을 향한 열망을 서로 인정하며 토론을 이어갔다. 비록 자신이 옳다는 확신이 있더라도 마찬가지다.

《예기》는 "넓게 배우되 함부로 누군가를 가르치려 들지 말라. 지식과 덕을 갈무리해 굳이 드러내려고 하지 말라博學不教 內而不出(박학불교 내이불출)"고 말하는데, 다산은 이를 잘 알았다. 배움을 넓히되, 그것을 드러내는 데 서두르지 않는 태도. 둘은 어쩌면 끝내 의견을 합치하지 못했을지도 모른다. 하지만 다산이 귀양을 마친 후에도 두 사람은 서로 교류하며 학문의 즐거움을 이어나갔다. 논쟁조차 지식인다운 품격을 지키며 임한 까닭은, 그에게 학문이란 이기기 위한 무기가 아니라 지식을 더 깊이 이해하기 위한 길이었기 때문이다.

겉치레에 그치는
가르침에 속지 마라

《일지록》은 그 학술과 의론이 십분 만족스럽지가 않다.
대개 그 본래 취지가 요컨대 옛글을 빌려
자기 이름을 드러내기에 힘쓴 것이어서,
간절하고 참된 마음을 찾아볼 수가 없다.

시대를 근심하고 세상을 개탄한 것도 모두 뒤엉켜
깨끗하지 못한 뜻이 말 밖으로 드러난다.
나처럼 곧은 성품의 남자가 이따금 주목해 볼 뿐이다.
또 역사책에 있는 글을 베껴다가
자기의 주장과 뒤섞어 책을 만들어
몹시 늘어지고 난잡하다.

내가 전에 《성호사설》이 후세에 전할 만한
정본이 되지 못한다고 말한 적이 있다.
옛사람의 글과 자기의 의론을 서로 섞어
올바른 형식과 절차를 이루지 못했기 때문이다.

《일지록》도 이와 마찬가지다.

게다가 그의 예론은 잘못되고 어긋난 곳이 아주 많다.

_〈두 아들에게 부침〉

《일지록》은 명말 청초의 대학자 고염무가 쓴 글로, 많은 유학자들에게 깊은 감명을 준 책이었다. 그러나 다산은 이 글을 단호히 비판했다. 본령이 제대로 서지 않았고, 인용한 글과 자기 글을 뒤섞어 놓아 글의 의미가 흐려져 있었다. 또 그 가르침은 눈에 보기에 좋고 사람의 마음은 간지럽힐지 모르나 진실하고 참된 마음은 찾아볼 수 없었다. 다산과 같은 지식인의 마음에는 미흡할 뿐이었다.

《맹자》는 이렇게 경계한다. "사람들의 병폐는 남의 스승이 되기를 좋아하는 데 있다人之患 在好爲人師(인지환 재호위인사)." 겉치레에 그치는 글은 독자를 가르치려 드는 태도에서 비롯된다. 또 현란하기만 한 가르침은 배움을 구하는 사람을 오히려 혼란스럽게 만들 뿐이다.

오늘날에도 감성과 기교는 뛰어나지만, 충실함과 진정성이 부족한 글이 적지 않다. 심지어 많은 독자의 사랑을 받는 책마저 그런 경우가 많다. 우리는 그런 글에서 무엇을 배우려고 하는가? 혹 배우는 일에도 유행만 쫓아다니지는 않는가? 다산은 묵묵히 진실을 담아낸 글과 가르침이야말로 오래 살아남는다는 것을 알았다. 겉치레만 선호한다면 귀한 시간을 낭비할 수 있다.

배움의 본질은 무엇인가?

천지(天地)의 글자를 배우고 나면
일월(日月), 성신(星辰), 산천(山川), 구릉(丘陵) 등
비슷한 종류를 다 알기도 전에
그것은 그만두고 오색(五色)을 배우라고 하고,

현황(玄黃)의 글자를 배우고 나면
청적(靑赤), 흑백(黑白), 홍자(紅紫), 치록(緇綠)의 그 다른 점을
분별하기도 전에 우주(宇宙)를 배우라고 하니,
이 무슨 가르침의 법인가?

(…) 대체로 문자를 가르침은
맑은 청(淸)으로 흐릴 탁(濁)을 깨우치고,
가까울 근(近)으로 멀 원(遠)을 깨우치며,
가벼울 경(輕)으로 무거울 중(重)을 깨우치고,
얕을 천(淺)으로 깊을 심(深)을 깨우쳐야 한다.

두 글자씩 들어서 대조해 밝히면 두 가지의 뜻을 함께 알게 되고,

한 자씩 들어서 말하면 두 가지의 뜻을 함께 모르게 된다.
특출한 두뇌가 아니면 어떻게 깨달을 수 있겠는가?

_〈천자문에 대한 평〉

다산은 어린이에게 한자를 가르치는 《천자문》의 맹목적인 암송 방식을 비판했다. 아무렇게나 나열된 글자를 순서대로 외우는 것은 올바른 학습이 될 수 없고, 비슷한 글자는 함께 묶어 배워야 효과적으로 익힐 수 있다는 것이다. 다산의 이 교수법은 오늘날 비슷한 것끼리 묶어서 배우는 연관학습법이라고 할 수 있을 것이다. 서로 관련 있는 개념을 연결해 학습하면 기억과 이해가 훨씬 깊어진다는 원리를 다산은 이미 2백여 년 전에 꿰뚫어 보았다. 그는 기존의 방식을 그대로 답습한다면 항상 답보상태에 머물 뿐임을 알았다. 이것은 공부든 일이든 마찬가지다.

《논어》에는 우리가 익히 들어 잘 아는 구절이 나온다. "옛것을 익혀 새것을 알아야 스승이 될 수 있다溫故而知新 可以爲師矣(온고이지신 가이위사의)." 다산은 기존의 방식을 의심 없이 따르지 않고 비판적으로 재구성하여 새롭게 연결하는 힘이야말로 배움의 본질이라고 생각했다.

배움을 진정으로
사랑하는 마음

아버님이 이 고을에 현령으로 온 다음 해 겨울에
나는 둘째 형님과 함께 동림사에 머물러
형님은 《상서》를 읽고 나는 《맹자》를 읽었다.
이곳에 처음 올 때는 첫눈이 가루처럼 뿌리고
산골 물은 얼어붙으려는 듯하였으며,
산의 나무와 대나무의 빛도 모두 새파랗게 추워서 움츠린 듯했다.

아침저녁으로 거닐며 추위에 움츠러든 몸과 정신을 맑게 깨운다.
자고 일어나면 곧 시냇물로 달려가 양치질을 하고 얼굴을 씻는다.
식사 시간을 알리는 종이 울리면
비구니들과 함께 늘어앉아 밥을 먹는다.
밤이면 중이 불경을 외우는 소리를 듣다가 다시 책을 읽는다.
이러기를 사십 일 동안 하고 내가 형에게 말했다.

"중이 중노릇하는 이유를 이제 알았습니다.
대저 부모 형제 처자의 즐거움이 없고,
술과 고기 그리고 음탕한 소리와 아름다운 여색의 즐거움이 없는데,

저들은 어찌하여 중노릇을 합니까?

진실로 그와 바꿀 수 있는 즐거움이 있기 때문입니다.

우리 형제가 학문을 한 지 이미 여러 해가 되었는데,

일찍이 여기서 맛본 것 같은 즐거움이 또 있었습니까?"

_〈동림사독서기〉

인생은 긴 듯하지만 짧다. 그 한정된 시간 중 얼마를 쪼개 책을 읽고 공부하는 데 쓴다면, 그것만으로도 삶의 의미 있는 한 부분이 된다. 책을 읽고 글을 쓰는 일은 시간이 많거나 여유로워서 하는 것이 아니다. 바쁘고 힘든 와중이라도 시간을 쪼개 읽는 것이 차곡차곡 쌓여 바탕이 되고, 그 바탕에 힘입어 글이 나온다. 그리고 이 모든 것은 '즐거움'이 원천이 된다.

《논어》에 유명한 말이 나온다. "아는 것은 좋아하는 것만 못하고, 좋아하는 것은 즐거워하는 것만 못하다知之者 不如好之者 好之者 不如樂之者(지지자 불여호지자 호지자 불여락지자)." 다산은 학문을 진정으로 사랑했다. 좋아했기에 편법을 쓰거나 대충 넘기는 법도 없었다. 즐거움에서 비롯된 배움은 그의 삶에 끝까지 이어졌다.

독서는 인간으로서
마땅히 해야 할 의무

오직 독서라는 한 가지 일은 위로 성현을 따라가 짝할 수 있고
아래로 뭇 백성을 길이 깨우칠 수 있으며
그윽하게는 귀신의 정상에 통달하고
밝게는 왕도와 패도의 방법과 계략을 도우며
짐승이나 벌레의 부류를 초월하여 큰 우주도 지탱할 수 있으니,

이것이 곧 우리 인간의 본분이다.

_〈윤혜관에게 준 글〉

낮은 차원에서 높은 차원까지, 어두운 곳에서 밝은 곳까지, 미세한 이치에서 광대한 우주까지 두루 미치는 것이 바로 학문의 길이다. 높고 밝고 광대한 것만을 추구하는 것은 진정한 학문이라 할 수 없다. 작은 일을 소홀히 하고, 삶이 따르지 못한 채 높은 이상만 말하는 것은 허상이다. 평범한 일상에서 시작해 높은 이치에 도달하는 것. 이는 바로 공부의 근본이다.

다산은 당시 편지를 주고받던 학자 윤혜관에게 공부의 근본을 이야기했다. 특히 책 읽기는 자신을 돌아보고 견문을 넓히는 데 가장 큰 힘이 된다. 날마다 쌓아 올린 기초 위에서 더 높은 경지에 이르는 힘을 주는 것이 그가 말한 독서의 가치다. 더 나은 삶을 추구하는 사람에게 독서란 단순한 취미생활이 아니라 인간으로서 마땅히 해야 할 의무라고, 다산은 이야기한다.

책과 글의 향기는
난초의 향기보다 깊고 진하다

못난 자제들이 부형의 관직을 따라오게 되면
오로지 색과 음식에 빠져서
화장한 여자를 가까이하여 그 향내를 맡으며
기름진 음식을 실컷 먹고 그 맛을 즐기는데,
이런 자는 돼지에 지나지 않는다.

연못과 누각이 마련되었으니 너희는 이곳에서 거처하여라.
내가 올 때 두 수레에 책을 싣고 왔으니,
너희들은 수령에 올려놓고 하나하나 베껴 써 보아라.
책에는 향기가 있으니 너희들은 그 향기를 맡고,
먹에는 맛이 있으니 너희들은 그것을 맛보거라.

_〈서향묵미각기〉

"세상에서 가장 향기로운 것이 책의 향기이고, 가장 맛있는 것이 글을 쓰는 먹의 맛이다." 다산이 곡산 부사로 부임한 후 두 아들에게 해 준 말이다. 아버지의 권세에 의지하여 향락에 빠질 것이 아니라, 책의 향기에 기뻐하고 먹의 맛을 즐길 줄 알아야 한다는 당부다.

〈남사〉에는 이렇게 기록되어 있다. "난의 향기는 백 리를 가고, 묵의 향기는 천리를 간다蘭香百里 墨香千里(난향백리묵향천리)." 부와 권력을 물려주는 데만 마음을 쓰는 대신, 자녀가 스스로 기쁨을 찾을 수 있는 배움과 글쓰기의 향기를 물려주는 것이야말로 진정한 유산일 것이다.

다산이 말한 책과 글의 향기는 난초의 향기보다도 더 멀리, 더 오래 퍼져 나갔다. 다산의 당부는 오늘날 자녀들에게 자신의 부와 권력을 대물림하려고 수단과 방법을 가리지 않는 권세가들이 반드시 새겨야 할 말이기도 하다.

돌이켜 고치는 사람만이 성장한다

내가 품성이 조급하여 연구하는 데에 있어
본디 오래 견뎌 내지 못하였다.
혹 하나의 사리를 연구하다가 때로 막히어 통하지 않는 것이 있으면,
곧 마음이 괴롭고 급하게 되어 정신이 거칠고 혼미해져서
중도에 그만두지 못했는데,
독서에 특히 이런 병통이 있었다.

지금 선생이 논한 바를 보면,
그 병을 고치는 약이 절실하고 타당하여
참으로 알고 실제로 이행한 체험에서 다 나온 것이다.
이러한 교묘한 비결을 얻어 이것으로 연구하면,
뚫어서 투철하지 못하고 녹여서 소화하지 못할 근심이 없을 것이니
감히 늘 눈여겨보며 힘쓰지 않을 수 있겠는가.

_〈도산사숙록〉

퇴계는 이숙헌에게 보내는 편지에서 이렇게 토로했다. "내 천성이 이에 어두워 억지로 밝혀내기 어려운 것은 우선 내버려두고, 다른 일에 나아가 궁구하려 합니다." 다산은 이 말에서 중요한 배움을 얻어 글을 썼다. 다산은 한 가지 공부가 막히면 그 성품상 도저히 중간에 그만두지 못하고 끝까지 매달렸는데, 때로는 그 집착이 오히려 정신적인 어려움을 불러오기도 했다.

자신의 문제를 정확하게 진단하고 돌이켜 고칠 수 있는 사람은 나날이 성장할 수 있다. 학문을 닦는 일도 그렇다. 학문은 일상의 이치에서 시작해 높은 이상을 향하여 가는 길이며, 긴 인생을 살아가듯 꾸준히 갈 수 있어야 한다. 《사기》에서는 "주저하는 준마보다 꾸준히 가는 둔마가 낫다騏驥之跼躅 不如駑馬之安步(기기지국촉 불여노마지안보)"라고 이야기한다. 다산이 배운 것도 바로 이 한마디와 다르지 않았다. 빠른 성취는 없다. 한 걸음 한 걸음 묵묵히 나아가는 것이 진정한 학문의 길이다. 다산은 다른 사람에게서 얻은 지혜를 가벼이 여기지 않고 어떻게 자신의 문제를 바꿀 수 있을지 고민하며 삶을 단단히 세워 나갔다.

큰일을 맡을 자격은
누구에게 있는가?

1789년 봄, 내 나이 스물일곱 되던 해였다.
성균관 시험에서 표문으로 수석을 차지해 급제한 사람과
똑같은 대우를 받게 되었다.

(…) 나는 승승장구했다.
다음 해 봄 김이교와 한림에 천거되어 예문관 검열이 되었다.
하지만 무슨 이유에선지 주변에서 말이 많아 그 자리에 나가지 않았다.
그러자 그다음으로 사헌부 지평, 사간원 정원이라는
중요한 자리에 올랐다.
월과에서 수석을 차지한 덕분에
임금께서 말과 호랑이 가죽을 하사하며 총애하셨다.

_〈자찬묘지명〉

다산이 학문의 최고 경지에 이를 수 있었던 것은 타고난 천재성 덕분만은 아니었다. 다산은 학문에 대한 충실함과 정직함이 있었다. 스스로 충실하면 자신에게 부끄럽지 않고, 결국 주변의 신뢰와 인정을 얻게 된다. 정조가 다산을 깊이 신임하고 아낀 이유도 바로 그 때문이다.

다산에게 학문이란 단지 지식의 축적만을 의미하는 것이 아니라, 삶 전체를 단단하게 세우는 토대였다. 그 토대 위에서만 큰일을 맡을 자격이 생긴다는 것을 그는 누구보다 잘 알았다.

마음이 올바르다면
자연히 무릎을 꿇게 된다

활달하여 자유스러움을 좋아하고 구속을 싫어하는 자는
'하필 꿇어앉아야만 학문을 할 수 있는 것인가'라고 말하지만,
이 또한 그릇된 것이다.

무릇 사람은 경건한 태도를 지을 때 그 무릎이 저절로 꿇어지며,
꿇어앉은 자세를 풀면 속마음의 경건함도 역시 해이해진다.
안색을 바르게 하고 말씨를 공손히 하는 일은
꿇어앉지 않고는 이루어지지 않는다.

이 한 가지 일에 따라 자기의 의지와 기개가 드러나니,
반드시 유념해야 한다.

_〈정수칠에게 주는 말〉

"얼굴빛이 안정돼 있으면 마음도 반드시 경건해지므로, 아침에 일찍 일어나서 저녁에 잘 때까지 옷매무새와 띠를 항상 단정히 해야 한다^{顏色整齊 中心必式 夙興夜寐 衣帶必飭}(안색정제 중심필식 숙흥야매 의대필칙)."《관자》에 나온 말이다. 바른 마음은 바른 자세에서 비롯되고, 바른 자세는 다시 마음을 단단하게 세운다.

다산은 제자인 정수칠에게, 배움에 대한 열망과 경건한 마음이 있다면 자연스럽게 무릎을 꿇는 자세가 나온다고 이야기한다. '무릎을 꿇어야 바른 자세다'라고 강요하기 위함이 아니라, 마음이 올바르다면 자연히 무릎을 꿇게 된다는 사실을 전하기 위해서다. 바른 자세는 강요에 의한 것도, 노력에서 나오는 것도 아니다. 만약 겉모습이 해이해지면 마음의 경건함도, 배움에 대한 열망도 사라지게 된다. 학문의 기초가 바른 마음가짐과 태도에서 비롯되기 때문이다.

지식을 '내 것'으로 만드는 공부법

경서를 해석하는 데는 세 가지 방법이 있는데,

하나는 전하여 들은 것으로써,
둘째는 스승의 가르침을 받은 것으로써,
셋째는 자기 생각으로써 해석하는 것입니다.

자기 생각으로 해석한 것은 아무리 천백 년 뒤에 태어났다고 해도,
능히 천백 년 이전의 것을 독자적으로 입증할 수가 있습니다.

_〈십상경책〉

정조가 다산에게 십삼경(十三經)*의 전수와 유래를 묻자, 다산은 그에 대한 답을 올렸다. 그는 십삼경이 모든 서책 중에서 으뜸일 만큼 중요하지만, 사서삼경에 속하지 않은 책에 대해서는 관심이 부족하고 연구도 미흡한 현실을 안타까워했다.

이 글은 그 답변의 첫머리로, 중요한 공부의 방법을 말해 주고 있다. 먼저 남에게서 전해 들은 것은 지식이라기보다는 단순한 정보에 가깝다. 그냥 아는 정도다. 스승에게 배우는 것은 토론과 이해의 기회를 주지만, 그것만으로는 온전히 자신의 것이 되기 어렵다. 진정한 공부란 반드시 스스로 생각하여 깨달음을 얻어야 한다. 다산은 그럴 때만 삶에서 실천할 수 있는 지식이 된다는 것을 말하고 있다. 외부의 지식을 쌓는 데서 멈추지 않고, 사유와 실천을 통해 자기 안에 단단히 뿌리내린 지식만이 '내 것'이 된다. 그렇지 않고서는 모든 지식은 그저 흩어지고 말 뿐이다.

• 사서삼경을 포함한 유교의 중요한 경전 13가지

배움이 부모의
굶주림보다 중한가?

근세의 학자는 겨우 학문을 한다는 이름을 얻으면
문득 스스로 몸가짐을 무겁게 하여,
하늘의 이치를 말하고 음양의 도를 이야기한다.
벽 위에 태극팔괘와 하도낙서를 그려 걸어 놓고
자칭 궁리하여 살핀다고 하며 어리석은 자들을 기만한다.

그 부모가 추위를 호소하고 굶주림을 참으며 질병으로 신음해도,
세심히 살피지 않고 일할 생각을 하지 않는다.
그러다 보니 궁리하여 살피는 것이 부지런하면 할수록
오히려 학문에서 점점 더 멀어지게 된다.

진실로 능히 부모에게 효도하는 자라면
비록 배우지 않았다고 해도 나는 반드시 배웠다고 할 것이다.

_〈곡산향교에 효를 권장하는 글〉

공부란 사람답게 살기 위해 하는 것이다. 부모를 모시는 가장 기본적인 도리조차 행하지 않으면서 어려운 학설과 고상한 말을 하고 있다면, 그것은 남을 속이고 자신까지 기만하는 일이다.

《논어》는 이렇게 이야기한다. "현인을 존경하는 마음을 미인을 좋아하는 마음과 바꿔서 하고, 있는 힘을 다해 부모를 섬기며, 신명을 다해 임금을 섬기고, 벗을 사귈 때 말에 믿음이 있는 사람이라면 비록 '학문을 한 적이 없다'라고 할지라도 나는 반드시 그를 배운 사람으로 인정할 것이다."

다산이 보았던 참된 배움이란, 지식의 많고 적음이 아니라 삶 속에서 드러나는 덕과 실천이었다. 그렇기에 다산은 《논어》의 표현을 인용하며, 배움을 그저 지식의 양으로만 판단하거나 출세와 영달을 위한 도구로 여기는 세태를 비판했다. 덕으로 뒷받침되지 않는 지식은 오히려 자신을 해치고, 집안과 나라까지 무너뜨릴 수 있기 때문이다.

큰 산이 우뚝 선 것처럼 고요히

천하에 어리석은 자는 많고 통달한 사람은 적다.
누가 보기 쉬운 겉모습을 버려두고
별도로 알기 어려운 의리를 구하려 하겠느냐?

높고 오묘한 학문은 알아주는 사람이 더더욱 적다.
비록 그의 도가 주공과 공자를 잇고,
문장이 양웅과 유향을 능가한다고 해도 또한 알아주지 않는다.

너희들은 이를 알아 잠시 깊은 학문의 공부를 놓아두고서라도,
우선 몸가짐을 바로 하는 공부에 힘써서
마치 큰 산이 우뚝 서 있는 것처럼
고요히 앉아 있는 것을 익혀라.

_〈두 아들에게 보여 주는 가계〉

공자의 제자 중에 증자라는 이가 있었다. 그는 죽음을 앞두고 문병을 온 대부에게 이렇게 말했다. "몸을 움직일 때는 사나움과 거만함을 멀리해야 합니다. 안색을 바로잡아 신의에 가까워지도록 해야 합니다. 말을 할 때는 도리에 벗어남을 멀리해야 합니다." 이는 높은 학문과 수양의 경지를 말한 것이 아니라, 가장 기본적인 삶의 태도를 일깨운 것이다.

다산도 마찬가지로 아들들에게 잠시 깊은 학문을 미뤄 두더라도 먼저 몸가짐을 바르게 하는 공부에 힘쓰라 일렀다. 아무리 깊은 내공을 지닌 사람이라도 겉모습이 무너져 있으면 사람들의 인정을 받지 못하고 단지 지저분한 사람으로 인식될 뿐이다. 차원이 높은 공부를 원한다면 먼저 자신의 겉모습부터 단정히 해야 한다. 모든 학문의 시작과 끝은 결국 기본에 충실함, 바르고 단정한 자세에 있다. 이것이야말로 다산이 아들들에게 가르친 가장 확실한 유산이었다.

다산에게 학문이란
단지 지식의 축적만을 의미하는 것이 아니라,
삶 전체를 단단하게 세우는 토대였다.

2장

고난에 관하여

수이부실(秀而不實),
괴로움 속에 머물며 자기 길을 지킨다

중병의 고난도 나를 멈추게 하지 못한다

점차 하던 일을 거둬들여 마음 다스림 공부에 힘을 쏟고자 합니다.
하물며 풍병은 뿌리가 이미 깊어 입가에 항상 침이 흐르고,
왼쪽 다리는 늘 마비 증세를 느낍니다.
머리 위에는 잉어 낚시하는 늙은이들이 쓰는 털모자를 쓰고 지냅니다.
근래 들어서는 또 혀마저 굳어 말이 어눌합니다.

스스로 살날이 길지 않음을 알면서도 자꾸 바깥으로 마음을 내달리니,
이것은 주자께서도 만년에 뉘우치신 바입니다.
어찌 염려하지 않겠습니까? 다만 고요히 앉아 마음을 맑게 하려면
세간의 잡념이 천 갈래 만 갈래로 어지러워 갈피를 잡을 수 없습니다.
그래서 도리어 마음을 다스리는 공부가
저술만 못한 것을 깨닫게 됩니다.
이 때문에 문득 그만두지 못하는 것입니다.

_〈작은형 정약전께 보냄〉

험난한 귀양 생활에 다산의 몸은 점차 쇠약해졌다. 중풍이 심해지고 오한을 견디기도 힘들었다. 마음도 뿔뿔이 흩어져 어디로 갔는지 찾을 길이 없다. 그야말로 고난의 극한상황, 절망의 한가운데에 있었다. 다산은 이러한 순간, 집필에서 자신의 길을 찾았다. 시간이 있고 여유가 있고 형편이 좋아서 글을 쓴 것이 아니다. 그는 최악의 상황에서 자신의 소명을 이루기 위해 글을 썼다. 복숭아뼈에 세 번이나 구멍이 날 정도로 묵묵히 자리에 앉아 그저 집필에 몰두했다. 바로 '과골삼천(踝骨三穿)'의 고사다. 유배의 세월 속에 그의 글이 더욱 깊어질 수 있었던 것은 스러져가는 몸조차 학문과 수양의 기회로 삼았던 까닭이다. 중병의 고난도 그를 멈추게 할 수는 없었다. 오히려 마음을 단단히 붙들고 스스로를 끝까지 지키는 힘이 되었다.

마음을 잃는 것은
자신을 잃는 것이다

즐거움은 괴로움에서 나온다.
그러니 괴로움은 즐거움의 뿌리다.
괴로움은 즐거움에서 나온다.
따라서 즐거움이란 괴로움의 씨앗이다.

괴로움과 즐거움이 서로를 낳는 것은
움직임과 고요함, 그리고 음과 양이 서로 뿌리가 되는 것과 같다.
통달한 사람은 그러한 연유를 아는지라
깃들어 숨어 있는 것을 살피고,
성하고 쇠하는 이치를 헤아려 내 마음이 상황에 응하는 것을
항상 뭇사람과 반대로 한다.

그런 까닭에 두 가지가 항상 그 취향을 나누고
그 기세를 죽이게 된다.

_〈우후 이중협을 증별하는 시첩의 서〉

18년간의 혹독한 귀양살이는 다산에게도 견디기 힘든 시기였을 것이다. 그러나 그는 그 속에서 삶의 이치 하나를 깊이 깨달았다. 즐거움과 괴로움은 서로 통하고, 상황에 휩쓸리지 않고 조용히 때를 기다리면 반드시 반전의 기회가 찾아온다는 사실이다. 바로 《도덕경》에서 말하는 물극필반(物極必反)의 이치다. 즐거움에 취하는 것도, 괴로움에 짓눌리는 것도, 오만함이 하늘을 찌르는 것도 결국 모두 자신을 잃는 것이다. 어떤 상황에서도 반드시 붙잡아야 할 것은 '나', 내 마음이다.

《예기》는 "오만한 마음이 자라도록 내버려두어서는 안 되고, 욕심을 방종하게 해서도 안 되며, 뜻을 가득 채워서도 안 된다. 그리고 즐거움이 극한에 이르도록 해서도 안 된다傲不可長 欲不可從 志不可滿 樂不可極(오불가장 욕불가종 지불가만 락불가극)"라고 이야기한다.

다산은 귀양 시절 우정을 나누었던 이중협과의 이별을 시첩 서문에 담았다. 두 사람은 이별의 아픔을 글로써 서로 나누며 조용히 때를 기다렸고, 마음을 잃지 않도록 다잡았다. 군자의 사귐은 이토록 담담하고 품격이 있다.

곤욕은 근심거리가 아니다,
곤욕을 괴로워하는 것이 근심이다

아아, 하늘이 만물을 내는 것은
그것을 이용하여 좋은 쓰임이 되도록 함이요,
사람을 해치려는 것이 아니다.

지네가 벽을 기어갈 때는 그 여러 발로 기는 소리가 한꺼번에 들리고
설레설레 피부에 닿을 때는 깊은 잠도 깨운다.
이때 손으로 창을 두드리며 인기척을 내면
지네는 바로 잠잠해지고 그 기는 소리도 사라진다.
그런 후에 불을 밝히고 잡으면 백에 한 마리도 놓치지 않으니,
이는 자애로운 하늘의 세밀한 뜻이다.

조물주가 그것이 기어가는 소리가 없게 하였으면
어떻게 잠을 깰 것이며,
인기척을 듣고 도망가게 하였으면 어떻게 잡을 것인가?
우연히 한번 물린다 해도 지렁이의 즙이 묘약이며,
창병으로 전염되었다 해도 자연 통증을 진정시키니
이는 자애로운 하늘이 미리 대비해 준 것이다.

뱀이 사람을 무는 예는 극히 드물어서 천 명 중에 하나요,
또 문둥병, 음위증, 연주창, 등창 등의 병을 앓는 자가
독사를 삶아 먹거나 회로 먹으면
침이나 훈이 없이도 그 병이 잘 낫는다.

그리고 지네 가루는 부스럼 병을 치료하니,
이는 자애로운 하늘이 은혜로 내려 준 것이다.
그 신묘한 쓰임과 깊은 이익이 이와 같은데
문득 하늘을 원망하며 스스로 슬퍼하니
이 어찌 잘못이 아닌가.

_〈탐진에 대한 대답 3〉

어떤 사람이 다산의 귀양지인 탐진(耽津)에 해충이 많음을 걱정하며 이렇게 말했다. "탐진 땅에는 지네가 한 자나 되고 뱀이 꼬인다. 물리면 피가 흘러서 창병이 되고 모든 약이 효험이 없어 생명이 위태로워진다. 어떻게 견디겠는가?" 그러나 다산의 대답은 의외였다. 그는 이런 상황을 두고 '자애로운 하늘이 내려 준 은혜'라고 했다.

여기서 다산은 우리에게 두 가지 가르침을 준다. 먼저 우리는 어려움을 보는 대신, 그 안에서 얻을 수 있는 이점을 생각할 수 있다는 점이다. 어떤 상황이든 그 상황을 맞는 사람의 마음가짐에 따라 전혀 다른 의미를 갖게 된다. 또 한 가지는 그처럼 긍정적인 생각을 가지려면 반드시 지식이 뒷받침되어야 한다는 것이다. 다산은 지렁이 즙, 뱀, 지네 가루의 효능을 이야기했다. 물론 오늘날 의학 지식은 다른 이야기를 할 수도 있겠지만, 당시 다산은 이것들의 쓸모를 말하며 상황을 바라보는 관점을 바꾸었다.

《격언련벽》은 이렇게 말한다. "곤욕이 근심거리가 아니라 곤욕을 괴로워하는 것이 근심이다. 영화가 즐거운 것이 아니라 그 영화를 잊어버리는 것이 진정한 즐거움이다困辱非憂 取困辱爲憂 營利非樂 忘營利爲樂(곤욕비우 취곤욕위우 영리비락 망영리위락)." 다산의 귀양살이는 어려움을 피하는 삶이 아니라, 어려움 속에서 마음을 단련하고 지식을 삶에 심는 길이 어떤 것인지를 보여 준다. 두 가르침으로 다산은 고된 일상을 승화시켜 자기 삶은 물론, 백성들의 삶에도 큰 도움을 줄 수 있었다.

낭중지추와 같이 때를 기다리는 법

아, 한림(翰林)의 벼슬은 청선(淸選)*입니다.

만일 신이 부끄러움을 무릅쓰고 마침내 벼슬자리에 있게 되면
전하께서는 일시적으로 명령이 시행된 것에 만족하시겠지만,
부끄러움을 모르는 비루한 사람을 전하 곁에 두는 결과가 될 것이니,
이것이 어찌 만족히 여길 일입니까?

그러므로 신의 직책을 빨리 해임하여
국가의 귀한 관직을 아끼는 실상이 있게 하고,
세상에는 공의가 없어지지 않았다는 명분이 있게 하고,
신에게는 짐을 벗는 기쁨이 있게 하고,
전하께서는 적재적소에 사람을 쓰는 거룩한 은덕이 있게 하는 것이
가장 좋은 방법입니다.

_〈한림을 사양하는 세 번째 소〉

● 사간원, 사헌부, 홍문관, 규장각을 비롯하여 예문관의 관리로 뽑히는 것

한림은 외교문서를 짓는 일을 맡아서 하는 예문관을 뜻한다. 다산이 사양한 예문관의 직책은 궁궐과 가깝고 왕을 가까이 접할 수 있어 모든 신하가 바라는 자리였으나, 이해할 수 없는 이유로 대간의 탄핵과 정치적 반대가 이어졌다. 다산은 이에 자신이 임금의 총애를 빌미로 자리를 차지하는 것은 자신에게 부끄러울 뿐 아니라, 혹여 임금에게 누가 될까 염려했다. 그는 세 차례에 걸쳐 사직의 상소를 올리고 임금의 명을 따르지 않았다.

정조는 이런 다산을 기강이 없고 무엄하다는 이유를 들어 짧은 유배를 보내기도 했지만, 그때마다 다산을 곧 다시 불렀다. 그만큼 다산을 총애했고, 곁에 두고 함께 조정 일을 하고 싶은 마음이 컸던 것이다. 다산이 위와 같은 이유를 들며 올린 세 번째 사직 상소에도 불구하고, 정조는 7급에서 6급으로 품계를 올려 주면서까지 그를 다시 불러 자리에 앉혔다.

낭중지추(囊中之錐)라는 말이 있다. 주머니 속의 송곳처럼 능력이 있는 사람은 스스로 감추려 해도 저절로 드러난다. 스스로 낮추지만 남들이 높인다. 다산이 바로 그랬다. 《논어》는 이렇게 말한다. "지위를 얻지 못했음을 걱정하지 말고 먼저 합당한 실력을 갖추기를 근심하라.

자기를 몰라준다고 근심하지 말고 남이 알아줄 실력을 갖추기 위해 노력하라 不患無位 患所以立 不患莫己知 求爲可知也(불환무위 환소이립 불환막기지 구위가지야)." 여러 번 유배지로 보내지고 지위를 잃더라도 다산이 염려하지 않았던 것은, 그가 스스로를 높이기보다 내실을 다지며 남들이 알아줄 날을 묵묵히 기다렸기 때문이다. 정조는 이와 같은 다산의 마음을 알았기에 곁에 불러 함께 일하기를 즐거워했다.

즐거움에 취하는 것도, 괴로움에 짓눌리는 것도,
오만함이 하늘을 찌르는 것도 결국 모두 자신을 잃는 것이다.
어떤 상황에서도 반드시 붙잡아야 할 것은 '나',
내 마음이다.

막다른 길에 다다랐을 때
비로소 역량이 드러난다

나는 임술년 봄부터 곧 집필하는 것을 업으로 삼아
붓과 벼루를 옆에 두고 멈추지 않았다.
그 결과로 어깨에 마비 증세가 나타나 마침내 폐인의 경지에 이르고,
눈이 어두워져서 오직 안경에 의존하지 않을 수 없는데
이렇게 하는 것은 무엇 때문이겠느냐?

_〈두 아들에게 보여 주는 가계〉

다산이 고난의 극한에서 절대 포기하지 않았던 것은 이루고자 하는 확고한 소명이 있었기 때문이다. 자신의 학문을 완성하고, 그 결실을 후세에 전하기 위해 그는 결코 붓을 놓지 않았다. 목숨을 걸고 쓰는 글, 그 글에 감동하지 않을 수 없다. 공자는 '곤이학지(困以學之)', 즉 '어려움에 닥쳐서 공부하는 사람'은 그나마 괜찮은 사람이라고 했다. 이 성어에는 또 하나의 의미가 있는데, '어려움에 닥치면 공부를 좋아하지 않던 사람도 공부를 하게 된다'라는 뜻이다.

사람은 누구나 막다른 길에 다다르면 자기 역량을 가장 잘 발휘할 수 있게 된다. 《채근담》에서는 "역경과 곤궁은 호걸을 단련하는 도가니와 망치다橫逆困窮 是煅煉豪傑的一副鑪錘(횡역곤궁 시단련호걸적일부로추)"라고 표현하기도 했다. 이는 다산의 모습과도 겹친다. 시련은 그에게 견디는 시간이 아니라, 학문과 정신을 더욱 정련시키는 시간이었고 인생의 의미를 찾는 시간이었다. 비록 어깨에는 마비 증세가 나타나고 눈은 어두워지지만, 자신의 소명을 가장 잘 드러낼 수 있는 시기.

지금 고난에 닥쳤는가? 괜찮다, 그동안 모르고 있던 나의 최고 강점과 삶의 가치를 발견하는 시간이 될 것이다.

촛불에 비친
국화꽃의 그림자

국화가 여러 꽃 중에서 특히 뛰어난 것이 네 가지 있다.

늦게 피는 것이 하나이고, 오래도록 견디는 것이 하나이고,
향기로운 것이 하나이고, 고우면서도 화려하지 않고
깨끗하면서도 싸늘하지 않은 것이 하나이다.

세상에 국화를 사랑하기로 이름나서
국화의 취향을 속속들이 안다고 자부하는 자도
사랑하는 것이 이 네 가지에서 벗어나지 않는다.

그런데 나는 이 네 가지 외에
또 특별히 촛불 앞의 국화 그림자를 취하였다.
밤마다 그것을 위하여 담장 벽을 쓸고 등잔불을 켜고
쓸쓸히 그 가운데 앉아서 스스로 즐겼다.

_〈국화 그림자를 읊은 시의 서〉

"그립고 아쉬움에 가슴 조이던 머언 먼 젊음의 뒤안길에서 인제는 돌아와 거울 앞에 선 내 누님같이 생긴 꽃이여." 서정주 시인의 〈국화 옆에서〉의 한 구절이다. 봄부터 울어 대던 소쩍새의 슬픈 울음도, 먹구름 속에서 울던 천둥소리도, 차가운 가을의 무서리도 모두가 '한 송이의 국화꽃'을 피우기 위해 겪는 인고의 과정이라고, 이 시는 노래한다. 다산이 오랜 귀양 끝에 《여유당전서》라는 결실을 맺은 것과 잘 어우러진다.

다산은 국화의 그림자를 보며 무슨 생각을 했을까? 그가 국화꽃의 실물이 아닌 촛불에 비친 그림자를 보며 느꼈던 감정은, 드러나지 않은 고통과 인내를 이겨 내고 있는 스스로에게 보내는 고요한 응원이었는지도 모르겠다.

〈제서림벽(題西林壁) 소동파〉는 이렇게 말한다. "펼쳐 보면 산줄기, 옆에서 보면 봉우리, 원근고저에 따라 모습이 제각각일세橫看成嶺側成峰 遠近高低各不同(횡간성령측성봉 원근고저각부동)." 누군가는 다산을 고립된 학자로, 그의 삶을 고통으로 가득 찬 귀양살이로만 생각할 수 있다. 그러나 촛불 앞에 자신의 그림자를 은은히 내보이는 국화꽃처럼, 다산은 본질을 잃지 않고 인내의 시간을 보낸 끝에 자신만의 꽃을 피워 냈다.

사흘을 놀다 보니 얻은 시가 이십여 수

정사년 여름 나는 명례방에 있었다.

석류꽃이 막 망울을 터뜨리고 보슬비가 내려

초천에서 가재와 물고기를 잡고 싶은 마음이 굴뚝 같이 일었다.

이때 법제는 대부는 위에 고하지 않고서는 도성문을 나설 수 없었다.

그러나 아뢰어 보았자 허락하지 않을 것이 뻔했으므로,

마침내 그저 조용히 가서 초천에 이르렀다.

이튿날 절강망 그물을 가져다가 고기를 잡으니,

크고 작은 놈이 오십여 마리나 되었다.

작은 배는 무게를 감당치 못하여

가라앉지 않은 것이 겨우 몇 치뿐이었다.

배를 남자주(藍子洲)로 저어 가 즐거이 한바탕 배불리 먹었다.

먹고 나서 내가 말했다.

"옛날 장한(張翰)은 강동을 그리면서 농어와 미나리를 말했는데,

물고기는 이미 맛보았다. 지금은 산나물이 한창 향기로울 때니

어찌 천진암에 가 놀지 않겠는가?"

이에 형제 네 사람이 집안사람 서너 명과 함께 천진암으로 갔다.
산에 들어서자 초목이 울창하고,
산속에 온갖 꽃이 활짝 피어 향기가 매우 짙었다.
온갖 새들이 화답하며 우는데 그 소리는 맑고도 매끄러웠다.
절에 이르러 술 한 잔에 시 한 수를 읊조리며 하루해를 보냈다.

이렇게 사흘을 놀다가 비로소 서울로 돌아오니,
무릇 얻은 시가 이십여 수였다.
먹어 본 산나물은 냉이와 도라지, 고비와 고사리,
그리고 두릅 따위 대여섯 종류였다.

_〈천진암에서 노닐다〉

다산의 작은 일탈이다. 그는 사사로운 법규도 어기지 않을 정도의 바른 생활 사나이였지만, 자연의 부름에는 이길 수 없었던 것 같다.

1797년, 여러 가지 개인적 슬픔과 정치적인 어려움 속에서 현실을 잠시 벗어나고 싶은 마음이었을지도 모른다. 그러나 자연을 벗 삼아 쓴 이 글에서 그런 기색은 전혀 드러나지 않는다. 오히려 자연이 주는 위안과 고요한 감성이 그의 마음을 안정되게 했을 것이다. 다산은 짧은 글에 자연의 풍치와 자신의 소감을 아름답게 담았고, 이어 그 감흥을 이십여 수의 시로 엮어 냈다.

송나라의 문인이었던 소식(蘇軾)은 이렇게 노래했다. "인생이란 슬프다가도 기쁘고 헤어졌다가도 또 만나는 것. 달이란 흐렸다가도 맑고 찼다가도 또 기우는 것人有悲歡離合 月有陰晴圓缺(인우비환이합 월유음청원결)." 자연은 그러한 인생의 이치와 닮아 있다. 다산은 고난과 기쁨, 이별과 만남이 교차하는 인생의 어려운 시간들을, 산새 소리를 듣고 산나물을 따먹고 시를 읊조리며 보냈다. 그렇게 사흘을 놀았을 뿐인데 얻은 시가 이십여 수라는 다산의 고백처럼, 때로는 어려움 속에서 한 발짝 물러나 숨 고르기를 하는 시간을 가져 보는 것도 괜찮다.

고난을 벗어나는 것만이
고난을 이기는 게 아니다

바람 피하기를 새처럼 하고, 비 피하기를 개미처럼 하고,
더위 피하기를 오나라의 소처럼 하는 것은
역시 내가 싫어하는 바다.
글을 사탕수수처럼 즐기고, 거문고를 감람나무 열매처럼 즐기고,
시를 창포 김치처럼 즐기는 것은
역시 내가 좋아하는 대로 된 것이다.

달이 밝으면 못이 맑고 달이 어두우면 못도 어둡다.
밝으면 그림자가 비치고 어두우면 없어져서
절로 사물과 다투지 않는다.
조수가 오면 고기가 오고 조수가 가면 고기도 가는데,
오면 잡되 갈 때는 뒤쫓지 않는 것도
그런대로 즐거움을 얻을 수 있을 것이다.

피리 불고, 거문고 타고, 시 읊고 그림 그리는 것이
방탕한 듯 방탕하지 않고 엄숙한 듯 엄숙하지 않으니
어찌 담박한 생활이 아니겠는가.

꽃 심고 채소를 심으며, 대나무를 솎아 내고 찻잎을 볶는 것이
한가한 듯 한가하지 않고 바쁜 듯 바쁘지 않으니,
참으로 청량한 세계이다.

_〈장상인의 병풍에 제함〉

사람의 삶은 고난과 극복의 연속이다. 풍파와 평온이 교차하지만 내가 의도할 수 있는 것은 아니다. 다산 역시 성공한 삶을 구가하다가 귀양이라는 최악의 고난에 직면해야 했다. 그러나 역설적으로, 다산이 자기 삶의 의미를 깊이 깨닫고 소명을 추구했던 것은 바로 고난의 시기였다. 그 중심에는 '즐거움'이 있었다.

인생을 달관한 사람은 치열하게 다투며 무언가를 쫓지 않는다. 오고 가고 오르고 내리는 세상의 이치를 알기에 어떤 상황에서도 자족할 줄 아는 삶을 살아간다. 귀양살이의 어려운 환경에서도 다산은 즐거움을 찾음으로써 만족스러운 생활을 이어 나갔다. 지금의 상황을 벗어나고자 발버둥 치는 것이 아니라, 나는 어떤 것을 싫어하고 어떤 것을 좋아하는지 분별하며 재미를 찾는 일. 피리를 불고 거문고를 타고 시를 읊고, 꽃과 채소를 심고 대나무를 솎아내고 찻잎을 볶으며 날마다 자족했던 담박한 생활. 상황에 맞게 살면서도 그 안에서 즐거움을 발견하는 것은 진정 고난의 시기를 살아가는 지혜다.

비통함을 만든 이는
누구인가?

청족(淸族)은 비록 독서를 하지 않아도 저절로 존경을 받겠지만,
폐족이 되어 학문에 힘쓰지 않는다면
더욱 가증스럽지 않겠느냐?

다른 사람들이 천시하고
세상에서 비루하게 여기는 것도 슬픈데,
너희들은 지금 스스로
자신을 천시하고 비루하게 여기고 있으니
이는 너희들 스스로가 비통함을 만드는 것이다.

너희들이 끝내 배우지 않고 스스로 포기해 버린다면,
내가 지은 저술과 간추려 뽑은 것들은
장차 누가 모아서 책을 엮고 바로 잡아 보존하겠느냐.
그렇게 할 수 없다면 나의 글이 끝내 전해질 수 없게 되는 것이다.

내 글이 전해지지 못한다면 후세 사람들은 단지
사헌부의 판결문만을 의지하여 나를 평가하게 될 것이니,

나는 장차 어떤 사람이 되겠느냐?
너희들은 아무쪼록 학문에 힘써
나의 이 한 가닥 글이 너희들에게 이르러
더욱 커지고 더욱 왕성해지게 하여라.
그렇게 되면 훌륭한 집안의 벼슬도
이러한 청렴함과 바꿀 수 없을 것이다.

_〈두 아들에게 부침〉

자기 인생은 자기 자신이 만든다. 고난이 닥쳤을 때 개구리가 뛰기 전 움츠리듯 도약의 발판으로 삼을지, 자포자기하고 무너질지는 모두 자신에게 달려 있다. 《맹자》는 "사람은 반드시 스스로를 모욕한 후에야 다른 사람이 그 사람을 모욕한다夫人必自侮 然後人侮之(부인필자모 연후인모지)"라는 말을 했는데, 다산은 이를 알았다. 스스로를 천시하고 비루하게 만들지만 않는다면 비통하지 않다.

　다산은 비록 억울한 처지에 놓였지만, 그 억울함을 풀어 줄 길은 오직 학문의 결실뿐임을 알았다. 자신이 이루어 낸 학문과, 그것을 이어 가는 자식들의 학문적 성취야말로 그 어떤 벼슬이나 권세보다도 더 소중하고 귀하다고 생각했다. 그래서 다산은 두 아들 역시 이러한 뜻을 이어받아 부귀한 가문은 아니더라도 청렴한 가문을 만들기를 당부했다. 그 어떤 부귀영화보다 소중한 것은 청렴한 명성이다. 대를 이어 존경받기 때문이다. 다산은 스스로를 바로 세우는 청렴의 삶 속에서 결코 남에게 무너질 수 없는 진정한 자존을 지켜 냈다.

고난의 시기를 함께 건넌
두 권의 인생 책

나는 궁핍하게 일없이 살면서
육경과 사서를 벌써 여러 해 동안 탐구했는데,
한 가지라도 얻은 것이 있으면
설명을 달고 기록하여 간직해 두었다.

이제 독실하게 실천할 방법을 찾아보니,
오직 《소학》과 《심경》이 여러 경전 가운데
특출하게 빼어났다.

진실로 이 두 책에 침잠하여 힘써 행하되,
《소학》으로 외면을 다스리고,
《심경》으로 내면을 다스린다면
거의 현인의 길에 이르지 않을까.

돌아보건대 나의 삶은 잘못되었으니,
노년의 보답으로 갚아야 할 일이다.
《소학지언》은 옛 주석을 보충한 것이고,

《심경밀험》은 몸으로 체험하여 스스로 경계하는 것이다.
이제로부터 죽는 날까지
마음을 다스리는 일에 힘을 다하고자 하여,
경전을 공부하는 일을 《심경》으로 맺고자 한다.

아! 능히 실천할 수 있을까!

_《심경밀험》

정조의 가장 총애받는 신하였지만 폐족이 되어 유배 생활을 감내해야만 했던 다산은 그 고난의 시기에 《심경》, 곧 마음을 다스리는 경전을 펼쳤다. 또한 평생을 두고 궁구했던 학문의 끝을 《소학》으로 매듭짓고자 했다. 《소학》으로 몸을 바로 세우고, 《심경》으로 마음을 고요히 다스리는 것. 이것이야말로 고난을 이겨 내는 힘이며 학문의 끝이자 결론이라고, 노학자 다산은 깨달은 바를 이야기했다.

《소학》과 《심경》은 다산의 인생 책이었다. 깨달음이 있다면 설명을 달고 기록을 남겼고 실천할 방법까지 찾아가며 책을 입체적으로 읽었다. 힘든 시기를 두 권의 인생 책과 함께 보내며 마음을 다스리는 일에 정진했다. 어떤 책은 삶을 지탱하는 기둥이 된다. 다산에게 《소학》과 《심경》이 그랬듯, 고난의 시기를 견디게 해 줄 인생 책이 당신에게도 있는가?

군자는 부지런히
선을 행할 뿐이다

화와 복의 이치에 대해서는
옛날 사람들도 의심한 지 오래되었다.

충효를 행한 사람이라고 해서 반드시 화를 면하는 것도 아니고,
음란하고 방탕한 자라고 하여 반드시 박복한 것도 아니다.
그러나 선을 행하는 것이 복을 받는 도가 되므로
군자는 부지런히 선을 행할 뿐이다.

_〈두 아들에게 보여 주는 가계〉

세상의 일에는 정해진 법칙이 없다. 아무리 선한 삶을 살아도 뜻하지 않은 고난에 처하기도 한다. 그럴 때 '착하게 살아온 나에게 왜 이런 일이…'라며 하늘을 원망하기도 한다. 무엇보다도 악행을 일삼는 사람이 부귀영화를 누리는 모습을 보면 하늘의 이치에 의구심을 품지 않을 수 없다. 다산은 바로 이런 의문 앞에서 뜻밖의 이야기를 한다. 험한 세상에서도 자신을 잃지 않고 선하게 살아가는 것. 그것이야말로 진정 하늘이 준 복이라는 가르침이다. 다산이 그랬듯, 군자는 부지런히 선을 행할 뿐이다. 선을 지키는 삶 속에서 비로소 하늘이 준 소명을 이룰 수 있는 자격이 주어진다.

시 짓기의 어려움에서
삶의 본질을 발견하다

시를 짓는 데에는 두 가지 어려운 것이 있다.
글자 맞추고 구절 다듬기를 정밀하게 하는 것이 어려운 일이 아니며,
사물을 체득하고 정감 그리기를 미묘하게 하는 것이
어려운 일이 아니다.
오직 자연스럽게 하는 것이 첫째 어려운 일이고,
청명하여 여운이 있게 하는 것이 두 번째 어려운 일이다.

지금 이 책은 이 두 가지가 다 갖추어져 있으니,
나머지야 무슨 말할 것이 있겠는가.

_〈범재집서〉

사람들은 흔히 위대한 인물에게 남다른 특별함이 있을 것이라 생각한다. 그러나 실제로 만나 보면 의외로 평범한 사람처럼 보일 때가 많다. 오히려 권위적이지 않고 부드러운 겉모습 때문에 다가가기가 쉽다. 이른바 '극과 극은 통한다'라는 말처럼, 탁월함이 경지에 달하면 평범하고 어리석은 듯이 보인다. 삶의 어려움도 마찬가지다. 큰 고난일수록 복잡하게 얽어매기보다는 단순하게 바라볼 때 쉽게 풀리는 법이다. 복잡하고 어려운 문제에 닥치게 되더라도 곁에 있는 군더더기를 벗겨 버리고 핵심을 바라보라. 본질은 단순하다.

갓 스물이 넘어서 요절했던 범재의 아들 남고가 다산에게 책을 보이며, '우리 아버지의 책이니 서문을 써 주게'라고 부탁했다. 이 글은 그것을 읽어 본 다산이 쓴 서문의 일부다. 다산은 '시를 어떻게 짓는가' 하는 문제를 두고 본질을 꿰뚫어 설명했지만, 사실은 우리 삶도 이와 다르지 않다는 것을 알려 주기도 한다. 〈채근담〉에는 이런 말이 있다. "지극히 고상함은 지극히 평범함에 있고, 지극히 어려움은 지극히 쉬운 것에서 비롯된다蓋極高寓於極平 至難出於至易(개극고우어극평 지난출어지이)." 결국 문제의 핵심은 특별한 데 있는 것이 아니라, 단순함을 붙잡고 본질을 잃지 않는 데 있다.

쓸쓸한 가을바람 뒤에도
겨울 추위는 불어온다

음악을 연주하는 자는 금속악기로 잔잔히 시작해서
마칠 때는 소리를 올려 떨친다. 순수하게 나가다가 끊어질 듯 이어지며,
마침내 화합하며 한 악장을 이룬다.

하늘은 1년을 한 악장으로 삼는다.
처음에는 싹트고 번성하여 곱고 어여쁜 온갖 꽃이 향기롭다.
마칠 때가 되면 곱게 물들이고 단장한 듯 색칠하여
붉은색과 노란색, 자줏빛과 초록빛을 띤다.
너울너울 어지러운 빛이 사람의 눈에 환하게 비친다.
그러고 나서는 거둬들여 이를 간직한다.
그 능함을 드러내고 그 묘함을 빛내려는 까닭이다.

만약 가을바람이 한차례 불어오자 쓸쓸해져서
다시 떨쳐 펴지 못하고 하루아침에 텅 비어 떨어진다면,
그래도 이것을 악장을 이루었다고 할 수 있겠는가?

_〈백련사에 노닐면서 단풍잎을 노래한 시의 서〉

아무도 손대지 않아도 저절로 아름다운 조화를 이루어 가는 자연이다. 쓸쓸한 가을이 오더라도 겨울을 기다려야 하는 것이 삶의 이치다. 어려움이 닥치면 더 큰 어려움이 올 수도 있다. 그러나 다산은 그것을 견뎌 내야 따뜻한 봄을 누릴 수 있다는 사실을 말해 주고 있다. 한차례 불어온 쓸쓸한 가을바람 탓에 겨울이 오지 못한다면 그것을 자연의 악장이라 말할 수는 없을 것이다.

다산은 자연의 소리, 계절의 느낌에서 음악의 이치를 깨달았다. 그리고 자신의 삶에 적용해, 어떤 고난에서도 결코 포기해서는 안 된다는 삶의 의지를 보였다. 굳이 말로 표현하지 않아도 그 속에 담겨 있는 깊은 의미를 음미하고 깨닫는 것이 그에게는 예술이며 삶의 이치였고, 학문이자 나아가 삶의 완성이기도 했다.

금수에게는 없지만 인간에게는 있는 것

하늘이 금수에게는 발톱을 주고 뿔을 주고
단단한 발굽을 주고 날카로운 치아를 주어서
그들이 각기 필요한 것을 얻게 하고,
살면서 받는 환난을 방어하도록 하였다.

하지만 사람에게는 연약한 벌거숭이로 태어나서
혼자 힘으로는 삶을 영위해 나갈 수 없도록 만들었으니,
어찌하여 하늘은 천한 것에는 후하게 하고,
귀하게 여길 것에는 박하게 하였을까.

그것은 바로 사람에게는 지혜와 생각이 있어서
그들로 하여금 기예를 습득하여
스스로 자기 생활을 영위할 수 있게 한 것이다.
그러나 지혜를 미루어 운용하는 것도 한계가 있고,
교사로서 사리를 연구하는 것도 차등이 있다.

따라서 아무리 뛰어난 사람이라고 해도

천 명이나 만 명의 사람이 함께 의논한 것을 당해 낼 수 없고,
아무리 성인이라고 해도
하루아침에 그 아름다운 덕을 모두 갖출 수는 없다.

_〈기예론〉

하늘은 사람을 가장 존귀하게 만들었다. 자신의 형상을 본떠 세상에 내보냈고, 만물을 다스릴 능력을 주었다. 그 능력은 바로 영성, 곧 사람의 마음이다. 인생에서 고난을 겪게 하는 것도, 그 속에서 쉽게 무너지지 않는 힘을 길러 주기 위함이다. 생존을 위해 서로 힘을 합치고 함께 일을 이루어 가는 지혜 또한 주었다. 이러한 능력은 다소의 차이는 있을지언정 모든 사람에게 공평하게 주어졌다. 그러므로 어떤 어려움에 처하더라도 끝까지 버틸 수만 있다면 반드시 다시 일어설 수 있다. 하늘은 그에게 도와줄 사람을, 뜻하지 않은 기회를, 남다른 지혜를 예비해 준다. 만약 이마저도 얻을 수 없다면 기적을 준다.

《심잠》은 이렇게 말한다. "사람은 그 사이에 지극히 미미한 몸뚱이 하나 갖고 있으니, 이 몸의 미미함은 마치 큰 창고에 한 톨 낟알에 불과하다. 그래도 하늘과 땅과 함께 삼재의 하나가 되었음은 오직 마음이 있기 때문이다人於其間眇然有身 是身之微太倉稊米 參爲三才曰惟心爾(인어기간묘연유신 시신지미태창제미 참위삼재왈유심이)." 사람의 몸은 금수와 같은 발톱, 뿔, 단단한 발굽과 날카로운 치아가 없는 연약한 벌거숭이지만, 마음은 천지와 나란히 할 수 있는 힘이 있다. 다산이 강조한 것은 바로 그 마음의 힘이었다. 고난을 이겨 내는 것은 언제나 우리의 마음이다.

쓸쓸한 가을이 오더라도
겨울을 기다려야 하는 것이
삶의 이치다.

3장

인생에 관하여

배기근(培其根),
내 삶에 단단한 뿌리를 내린다

뜻이란 말하지 않아도 저절로 알게 되는 것

뜻이란 원래 다른 사람에게 말할 수 없는 것이다.
뜻은 행동에 앞서므로 그것을 행하게 되면,
비록 그 뜻을 다른 사람에게 말하지 않더라도
사람들이 그의 행동을 보고 그의 뜻을 알 수 있을 것이다.

그러나 불행하게도 그 뜻을 행하지 못하면
비록 내 뜻을 다른 사람에게 말했더라도
아무 이익이 없을뿐더러
도리어 비웃음만 사게 된다.

_〈유지당기〉

신사흡이 도곡의 북쪽에 집을 짓고 문에 '유지(有志, 뜻이 있다)'라는 편액을 걸었다. 그리고 다산에게 기념으로 글을 써 달라고 부탁했다. 이에 다산은 '뜻이란 반드시 행동으로 증명해야 하므로 함부로 남에게 말할 수 없다'라는 자신의 생각을 적었다. 다산이 말하는 뜻이란 바로 이런 것이다.

"만약 의관을 바르게 하고 눈가짐을 엄숙하게 하여 근엄한 태도가 마치 진흙으로 빚은 사람 같다면, 그의 뜻은 도학(道學)에 있음을 알게 될 것이다. 만약 왼손에는 책을, 오른손에는 붓대를 잡고서 힘써 읊조리고 있다면 그의 뜻이 문장에 있음을 알 수 있고, 만약 꽃이나 나무를 심고 이리저리 거닐며 유유자적한다면 그의 뜻이 전원(田園)에 있음을 알 수 있을 것이다."

단지 포부가 아니라 삶의 태도 속에 드러나는 실천. 다산에게 뜻이란 말이 아니라 삶을 살아 내는 태도 그 자체였다.

삶을 대하는 다산의 두 가지 태도

《주역사전》은 내가 하늘의 도움을 얻어서 쓴 글이니,
절대로 사람의 힘으로 통하거나
지혜로운 생각만으로 도달할 수 있는 것이 아니다.

능히 이 책에 깊이 마음을 두고
그 오묘한 뜻을 다하는 자가 있다면
바로 자손이나 벗일 것이니,
천 년에 한 번 만난다 해도 애지중지함이
마땅히 보통 정리의 배가 될 것이다.

_〈두 아들에게 보여 주는 가계〉

'하늘의 도움을 얻어 쓴 책이다'라는 말에서 다산이 삶을 대하는 두 가지 태도를 엿볼 수 있다. 한 가지는 겸손이다. 스스로 부족하기에 하늘의 도움을 얻어서야 겨우 완성할 수 있었다는 말이다. 또 한 가지는 자부심이다. 하늘의 도움으로 완성될 정도로 오묘한 가치가 있는 책이라는 확신이다.

"사람으로서 할 수 있는 바를 다한 후에는 하늘의 뜻을 기다려야 한다修人事待天命(수인사대천명)"라는 《삼국지》의 구절이 떠오른다. 다산은 자신의 한계를 인정하고 겸손을 보이면서도, 최선을 다하고 하늘에 맡긴 후 결과를 얻은 데 대한 자부심이 있었다. 이율배반적이기는 하지만, 그러므로 이 글은 이렇게 해석할 수 있겠다.

"자신의 소명을 달성하기 위해 온 힘을 다해 노력하는 사람은 반드시 하늘이 도와 위대한 걸작을 만들 수 있다."

반드시 서울에 머물러야 하는 이유

무릇 사대부의 가법은 뜻을 얻어 벼슬길에 나서면
서둘러 산언덕에 집을 세 얻어 처사의 본색을 잃지 않아야 한다.
만약 벼슬길이 끊어지면 급히 서울 언저리에 의탁해 살면서
문화(文華)의 안목을 떨어뜨리지 않아야 한다.

내가 지금 죄인의 명부에 있는지라,
너희들로 하여금 잠시 시골집에 숨어 지내게 했다.
뒷날의 계획으로는 다만 도성에서 십 리 안쪽에
거처를 정할 수 있을 것이다.
만약 가세가 기울어 능히 깊이 들어갈 수 없게 되면,
서울 근교에 머물면서 과실을 심고 채소를 기르며 생활을 도모하다가
재물이 조금 넉넉해지기를 기다려
저자 가운데로 들어가도 늦지 않을 것이다.

_〈두 아들에게 부침〉

사람은 누구나 상황과 환경의 영향을 받지 않을 수 없다. 다산도 역시 폐족으로서 아들들을 잠시 시골집에 거주하게 할 수밖에 없었다. 그러나 그는 곧 상황이 나아지면 반드시 도성 가까운 곳으로 집을 옮기라고 했다. 이는 오늘날 좋은 학군을 찾는 관점과는 다르다. 비록 폐족이 되었더라도 시골로 숨어들면 세상과 단절되고 만다고 보았다. 세상의 변화와 문화적 혜택을 누리지 못한다면 학문도, 사람됨도 편협해질 수 있음을 우려한 것이다. 그러므로 반드시 변화와 신문물을 접할 수 있는 서울에 머물러야 한다는 것이 그의 가르침이었다. 그저 편안한 거처를 찾는 것이 아니라 배움과 성숙을 가능하게 하는 환경을 선택할 줄 알아야 한다는 다산의 조언은 우리에게 울림을 준다. 내가 어디에 머물고, 무엇을 마주하느냐에 따라 삶은 달라질 수 있다.

인생의 즐거움은 어디에 있는가?

어렸을 때 노닐던 곳에
어른이 되어 온다면 하나의 즐거움이 되겠다.

곤궁한 시절을 지내 온 곳을
입신하여 찾아온다면 하나의 즐거움이 되겠고

홀로 외롭게 지나가던 땅을
좋은 손님들과 마음에 맞는 친구들을 이끌고 찾는다면
또 하나의 즐거움이 되겠다.

_〈수종사에서 노닐은 기〉

맹자는 가족의 안녕, 부끄럽지 않은 삶, 영재를 가르쳐 키우는 일을 군자의 세 가지 즐거움이라 했다. 공자 역시 《논어》에서 "배우고 때때로 익히면 또한 기쁘지 않은가? 벗이 먼 곳에서 찾아오면 또한 즐겁지 않은가? 남이 알아주지 않아도 성내지 않으면 역시 군자답지 않은가 ^{學而時習之 不亦說乎 有朋自遠方來 不亦樂乎 人不知而不慍, 不亦君子乎}(학이시습지 불역열호 유붕자원방래 불역락호 인부지이불온 불역군자호)"라고 말했다. 다산도 세 가지 즐거움을 이야기한다. 성숙한 어른이 되는 것, 배우고 익혀 입신하는 것, 좋은 사람들과 함께하는 것이다.

군자의 즐거움은 무언가를 크게 이루는 것이 아니라, 평온한 일상을 충실히 살아감으로써 얻는 작은 행복에서 온다.

돈이 없으면 연못을 파서 물고기라도 길러라

태사공이 말하기를,
'늘 가난하고 천하면서 인의(仁義)를 말하기 좋아한다면
이 역시 부끄러운 일이다'라고 했다.

공자의 문하에서는
재리(財利)에 대한 이야기를 부끄럽게 여겼으나
자공은 큰 부자가 되었다.

(…) 그러므로 생활의 수단으로는
원포(園圃)*와 목축(牧畜)만한 것이 없다.
그리고 연못이나 못을 파서 물고기도 길러야 한다.

_⟨제자 윤윤경에게 준 글⟩

● 과일과 채소 농사

다산 당시의 시대 풍조는, 선비나 신분이 높은 양반이라면 비록 집안이 몰락하여 굶주리더라도 천한 일은 하지 않는 것을 당연하게 여기는 것이었다. 그러나 다산의 시각은 달랐다. 가족이 밥을 굶더라도 체면을 지킨답시고 짐짓 뒷짐을 지고 아무런 노력도 하지 않는 사람은 고귀한 것이 아니라 미련한 것이다. 신분에 매여 신분의 노예로 사는 게 아니라, 어떤 일을 하더라도 가족을 먹여 살리는 도리를 다하는 일이 다산이 생각하는 올바른 도리였다. 재물과 이윤에 대한 이야기를 꺼렸던 사회 풍조 속에서 연못을 파 물고기라도 길러야 한다고 권한 다산에게서 우리는 진정한 군자의 의를 알 수 있다. 품격이란 고상한 명분만 좇으며 굶주리는 게 아니라 의롭고 당당하게 일하며 가족을 지키는 삶에서 시작되는 법이다.

복을 짓는 사람과
복을 구하는 사람

사람은 자손을 위하여 복을 지어야 하지만
자손을 위하여 복을 구해서는 안 된다.

집안의 규범을 세우고, 검소함과 소박함을 숭상하고,
농사와 독서를 권하고, 남에게 음덕을 쌓는다.
이는 복을 짓는 일이다.
농토나 가옥을 불리고, 혼사로 세력을 늘리며,
세금을 덜 내려고 수를 부리고, 공명을 돈으로 산다.
이는 복을 구하는 일이다.

복을 짓는 사람은 담박하되 오래가고,
복을 구하는 사람은 풍요롭되 오래가지 못한다.
사람은 집안을 위하여 재물을 사용해야 하지만
집안을 위한답시고 재물을 축내서는 안 된다.

일가친척을 도와주고, 좋은 스승을 널리 구하며,
흉년에 어려움을 겪는 사람을 구해 주고, 의로운 사업을 돕는다.

이는 재물을 제대로 쓰는 일이다.
집과 정원을 화려하게 꾸미고, 가수와 무희를 부르며,
사치스러운 연회를 열고, 보석과 장신구를 사 모은다.
이는 재물을 축내는 것이다.

재물을 제대로 쓰는 사람은 재물을 덜어내되 더 채워지고,
재물을 축내는 사람은 재물이 가득 찬 듯하지만
끝내는 쪼그라든다.

_《거가사본》

❁

복과 재물에 관한 다산의 통찰이다. 검소하고 부지런하게 사는 사람은 그 삶 자체가 정의롭고 올바르다. 태만하고 낭비하는 사람은 그 삶이 부도덕하다. 부모가 바르게 산다면 자녀도 그 삶을 배워 바른 삶을 살아갈 수 있다. 이런 가문은 당연히 오래 간다. 그러나 부도덕한 삶을 자녀에게 보이는 사람은 어떠한가? 아무리 많은 재물을 남겨 주더라도 결국 무너지고 만다. 당장은 많은 재물을 가진 듯하고 자녀에게도 많은 재물을 물려주는 듯 보이지만, 올바른 삶의 근본이 없기에 그 부는 곧 탕진되고 가문도 무너져 내릴 수밖에 없다.

자손을 위해 복을 짓는 것과 자손을 위해 복을 구하는 것이 다름을 다산은 알려 주고 있다. 복을 짓는 사람과 구하는 사람, 재물을 제대로 쓰는 사람과 재물을 축내는 사람은 분명히 다르다.

중앙을 얻었으면 어디를 가도 중국 아니겠는가?

대개 해가 정수리에 있는 것을 정오라고 한다.
정오를 기준으로 해가 뜨고 지는 시각이 같으면
내가 선 곳이 동서의 중앙이라는 것을 알 수 있다.

북극은 지면에서 약간 도가 높고,
남극은 지면에서 약간 도가 낮기는 하나,
오직 전체의 절반만 된다면 내가 서 있는 곳이 바로
남북의 중앙이라는 것을 알 수 있다.

이미 동서남북의 중앙을 얻었으면
어디를 가든 중국 아님이 없으니,
어찌 동국(東國)•이라고 한단 말인가?
그리고 어디를 가도 이미 중국 아님이 없는데
어찌 별도로 '중국'이라고 한단 말인가?

(…) 내 벗 해보가 사신으로 연경에 가게 되자,
자주 중국에서 노니는 것으로 얼굴에 뽐내는 빛이 있었다.

• 그 시절 우리나라를 일컫는 말

그래서 내가 일부러 중국, 동국의 말을 하여
그를 자제시키고 이와 같이 권면한다.

_〈사신으로 연경에 가는 교리 한치응을 전송하는 서〉

사람들은 흔히 자신과 지위를 동일시한다. 높은 자리에 오르면 마치 자신의 가치가 오른 듯 교만해지고, 낮은 자리에 머물면 스스로 가치가 떨어진 듯 낙담한다. 하지만 사람의 진정한 가치는 지위에 있지 않고, 그 존재 자체로 소중하고 모든 이가 귀하다.

　다산은 사신으로 연경에 가던 교리 한치응을 전송하며, 그 얼굴에 뽐내는 빛이 있는 것을 보고 권면의 글을 남겼다. 중국이 중앙이 아니라 내가 서 있는 곳이 바로 중앙이라는 뚜렷한 주관과, 그 사실을 친구에게 깨우쳐 주고자 하는 진심이 담겨 있다. 지구는 둥글기에 어디에서 있든 그곳이 가장 높은 곳일 수 있고, 바로 그 자리가 세상의 중심이 될 수 있다. 다산이 전하고자 한 것도 바로 그와 같다. 내가 서 있는 이곳이 바로 중앙이며, 이미 중앙을 얻었다면 어디를 가든 당당하지 못할 것이 없다는 사실이다.

뜻이란 반드시
행동으로 증명해야 하므로
함부로 남에게 말할 수 없다.

호가 없는 사람

이제 공은 우뚝하게 이 몇 가지 호에 더하여
무호(無號)라는 호를 얻게 되었습니다.

사람들은 분명히 그 새로운 생각에 놀라 기이하게 여기겠지요.
그리고는 돌아가서, 죽을 때까지 그 호를
또 공을 잊지 않을 것입니다.
이렇게 하면 공은 비록 이름을 피하려 했지만,
오히려 이름이 더 따르게 될 것입니다.

공의 호는 정말 대단하군요.
이름을 좋아한 사실은 사라지고,
겉으로 이름을 피한다는 명분만 가지게 되었으니 말입니다.

저는 감히 잘 모르겠습니다.

_〈무호암기〉

사람들은 자신이 원하는 것을 쉽게 이루기를 원한다. 바른길이 아닌 지름길을, 정의로운 방법이 아닌 효율만을 추구한다. 합당한 실력 없이 높은 자리에 오르기만 바라는 사람은 편법을 쓰게 되고, 심하면 불법도 행한다. 자격 없이 이름만 알려지기를 바라는 사람도 마찬가지다. 수단과 방법을 가리지 않고 자신만 내세우다 보면 이름만 그럴듯한 허울 좋은 사람이 되고 만다.

병조참판 윤필병이 쓴 '호가 없다'라는 뜻의 무호는 헛된 세상의 명예를 추구하지 않고 겸손히 살겠다는 다짐으로 지었을 것이다. 하지만 그 내면에 진실함 없이 남의 관심과 이목만 끌려는 생각이라면 그것 역시 가식에 지나지 않는다. 다산은 이를 꿰뚫어 본 것 같다.

"명성이 실제를 앞선다名聲過實(명성과실)."《사기》에 나오는 말이다. 이름이 실력을 앞서면, 결국 그 허상은 드러나게 된다.

인생을 살아가는
다섯 가지 방법

박학(博學)·심문(審問)·신사(愼思)·명변(明辯),
즉 널리 배우고 따져 물으며
깊이 생각하고 분명하게 밝히는 것은
성(誠)이 아니면 성립될 수 없다고 나는 생각합니다.

단 한 번이라도 속이거나 거짓이 있어서는
성이라고 할 수 없겠지요.
때문에 저는 경전 공부에서 오직 이 성만을 추구하였고,
다만 이것을 따랐으며, 이것만을 고집했습니다.
옳은 것을 선택하여 굳세게 주장할 때는
널리 고증하고 정밀하게 연구하여
지혜를 다하지 않은 적이 없습니다.

마음가짐을 마치 빈 거울이나 공평한 저울대처럼 하였고,
뜻을 파헤치기는 마치 송사를 결단하고
옥사를 다스리듯 하였습니다.
그런 뒤에야 감히 주장을 세웠으니,

어찌 확실치도 않은 견해로 남들과 같은 말을 하거나,
대동(大同)의 논의를 어기려 한 것이겠습니까?

_〈이여홍에게 답함〉

맹자의 사단설(四端說)에 대해 이여홍과 이견이 생기자, 다산은 자신의 공부 태도를 밝히며 전혀 사심이 없음을 강조했다. 그가 근거로 삼은 것은 《중용》에 나오는 공부 방법인 '박학심문신사명변(博學審問愼思明辯)'이었다. "배우지 못한 것이 있으면 그것을 배우되 다 배우지 못했으면 그만두지 않는다. 묻지 않은 것이 있으면 그것을 묻되 알지 못했으면 그만두지 않는다. 생각하지 못한 것이 있으면 그것을 생각하되 얻지 못했으면 그만두지 않는다. 변별하지 못한 것이 있으면 그것을 변별하되 밝히지 못했으면 그만두지 않는다." 본래 공부 후에 실천을 말하는 독행(篤行)이 마지막 부분에 있으나 여기서는 생략되어 있다.

다산은 공부에서든 삶에서든 이 다섯 단계에 바탕을 두고, 정성을 다해 진실한 삶을 살았다. 머릿속에 지식을 쌓는 데서 끝나지 않고 배운 것을 오로지 진실과 정성으로 나타내며 인생에 깊은 뿌리를 내리고자 했다.

부란 좇는다고 해서
반드시 얻어지지 않는다

산에 살며 일이 없어 사물의 이치를 가만히 살펴보니,
세상에서 부지런히 왔다 갔다 바삐 움직여 노심초사하는 것은
모두가 부질없는 일이다.

누에가 알에서 깨어나면 뽕잎이 먼저 움트고,
제비 새끼가 알에서 나오면 날아다니는 벌레가 들에 가득하고,
어린아이가 갓 태어나 울음을 터트리면 젖이 분비된다.
하늘이 만물을 낳을 때는 아울러 그가 먹을 양식도 준다.
그런데 어찌 깊은 근심과 지나친 염려 때문에
정신없이 바쁘게 돌아다니며,
잡을 기회를 놓칠까 두려워하는가?

옷은 몸을 가리면 그만이고 음식은 배를 채우면 그만이다.
봄에는 보리가 나올 때까지 쌀이 있고,
여름에는 벼가 익을 때까지 낟알이 있다.

말지어다, 말지어다.

올해 내년을 위해 일을 꾀하지만,
어찌 수명이 그때까지 연장됨을 알 수 있겠으며,
어린 자식을 어루만지며 손자와 증손의 계획도 하지만,
자손은 모두 바보들이란 말인가?

_〈또 정수칠에게 주는 글〉

늦깎이 제자였던 정수칠에게 쓴 글이다. 다산은 오직 육신의 안녕만을 추구하며 바쁘게 사는 삶을 경계했는데, 부란 좇는다고 해서 반드시 얻을 수 있는 게 아니기 때문이다. 설령 얻는다 해도 오래 머물러 주는 법이 없다. 비록 가난하더라도 자족하며 사는 삶이 훨씬 지혜롭다. 《논어》에 이런 이야기가 나온다. "부가 구해서 얻을 만한 것이면 비록 채찍을 잡는 천한 일이라도 나는 하겠다. 그러나 구할 수 없는 것이라면 나는 내가 좋아하는 바를 따르겠다富而可求也 雖執鞭之士 吾亦爲之如不可求 從吾所好(부이가구야 수집편지사 오역위지여불가구 종오소호)." 옷은 몸을 가리면 족하고 음식은 배를 채우면 족하다는 다산의 말에는, 억지로 부를 좇기보다는 스스로 만족하는 삶의 태도가 드러난다.

이어서 그는 '마음을 다스리고 성품을 기르며, 책을 읽고 공부하여 이치를 궁구하는 삶을 살아야 한다'라고 가르치는데, 그것이 다산의 본뜻이었다. 지금 내가 할 수 있는 일에서 즐거움을 찾고, 성실히 탐구하는 삶 속에 진정한 부가 있다.

당신이 소리를 내는 까닭은 무엇인가?

오직 시라는 것은 뜻을 말하는 것이다.
본디 뜻이 저속하면 억지로 고상하고 깨끗한 말을 하여도
조리가 이루어지지 않는다.
본디 뜻이 편협하고 비루하면 억지로 통달한 말을 하여도
사정에 절실하지 못하게 된다.

시를 배움에 있어 그 뜻을 헤아리지 않는 것은
썩은 땅에서 맑은 샘물을 길어 내려 하는 것과 같고
냄새 나는 가죽나무에서 향기를 구하는 것과 같아서
평생 노력해도 얻지 못할 것이다.

그렇다면 어떻게 해야 하는가?
천인(天人)과 성명(性命)의 이치를 알고 인심과 도심이 나뉨을 살펴,
찌꺼기를 걸러 맑고 참됨이 발현되게 하면 된다.

_〈**초의승 의순에게 주는 말**〉

당나라 명문장가 한유는 세상의 모든 것들이 소리를 내는 까닭은 평안을 얻지 못했기 때문이라고 말했다. 바람이 불면 초목은 소리를 내고 물에는 풍랑이 인다. 봄이면 새가 울고 여름에는 우레가 치며, 가을에는 벌레가 울고 겨울에는 눈바람이 휘몰아친다. 계절이 바뀌는 이치가 소리로 드러나는 것이다. 자연이 그러하듯, 사람도 자극을 받으면 소리를 내게 된다. 억울할 때는 마음속의 울분이 터져 나오고, 세상이 평안하고 태평성대를 누릴 때는 기쁨의 탄성이 절로 흘러나온다.

다산은 소리 그 자체보다, 그 소리에 담긴 '뜻'이 더 중요하다고 보았다. 그는 〈시경강의〉의 서문에서 이렇게 말했다. "책을 읽는 것은 다만 뜻을 구할 뿐이다. 만약 뜻을 얻지 못한다면, 비록 하루에 천 권을 읽는다 해도 담을 마주 선 것처럼 무지할 것이다." 다산에게 좋은 시와 좋은 독서란 사람의 마음을 움직이고 삶으로 이어지게 할 수 있는 것이었다. 겉으로 드러나는 소리와 형식이 아닌, 그 안에 숨어 있는 진정한 뜻을 헤아리는 것이야말로 진정한 배움의 지혜다.

모든 것은 극에 달하면
반드시 되돌아간다

가난함과 비천함은 부지런함과 검소함을 낳고,
부지런함과 검소함은 부유함과 고귀함을 낳는다.

부유함과 고귀함은 교만함과 사치함을 낳고,
교만함과 사치함은 또 가난함과 비천함을 낳는다.

끝없이 돌고 돌아서 서로 원인과 결과가 되니
경계하지 않을 수 있겠는가?

_《거가사본》

사물은 모두 극에 달하면 반드시 되돌아간다.《주역》에서 말하는 물극필반(物極必反)의 이치다.《주역》은 "한 번은 음이고 한 번은 양인 것이 도다. 잇는 것은 선이고 이루는 것은 성이다(一陰一陽之謂道 繼之者善也 成之子性也, 일음일양지위도 계지자선야 성지자성야)"라고 했다. 음과 양, 흥망과 성쇠가 끊임없이 교차하는 세상과 같이, 사람의 삶도 마찬가지다. 부와 가난, 존귀와 비천함은 어느 한 사람에게만 영원히 머무르지 않는다. 그 변화의 바탕이 되는 것은 각 사람이 삶을 대하는 자세다. 부지런함과 검소함은 부와 존귀함으로, 교만과 사치는 가난과 비천함으로 가는 길의 이정표다.

이러한 가르침은 다산이 독서와 학문을 삶의 근본으로 삼게 했고, 근면함과 검소함을 몸소 실천하게 했다. 자신의 신조이자 자식들에게 가르쳐 준 가훈이었으며, 스스로 실천함으로써 모범이 되어 보였다.

인상을 바꾸고 싶으면
행실을 똑바로 해라

대저 서당의 무리는 그 상이 아름답고,
시장의 무리는 그 상이 검고, 목동의 무리는 그 상이 산란하고,
뱃사공이나 마부 같은 무리는 그 상이 사납고 빠르다.

대체로 그 익히는 것이 오래됨으로써 성품이 날로 옮겨가게 되니,
마음속에 생각하는 것이 겉으로 나타나서 상이 변하게 된다.

사람들은 상이 변한 것을 보고 말하기를
'그 상이 이렇게 생겼기 때문에 그 행실이 이와 같다' 하니
아, 그것은 틀린 말이다.

_〈관상론〉

링컨은 "사람은 마흔이 되면 자기 얼굴에 책임을 져야 한다"라고 말했다. 여기서 얼굴이란 외모가 아닌 인격을 뜻한다고 본다. 다산 역시 같은 의미의 말을 했다. 그는 직업을 예로 들어 설명했지만, 다산이 말하려는 바는 직업을 비하하려는 의도가 아니었다. 핵심은, 사람의 인상이란 타고난 것이 아니라 자신이 만들어간다는 사실이다. 사람들은 '이렇게 생겼으니 행실이 그와 같다'라고 생각하기 쉽지만, 사실 그것은 틀렸고 행실이 먼저다. 선한 생각을 하고 선한 삶을 사는 사람은 얼굴이 아름다워지고, 악한 사람은 그 인상이 험악해진다.

《논어》의 〈양화〉에는 "오직 가장 지혜로운 사람과 가장 어리석은 사람만이 변하지 않는다^{唯上知與下愚不移}(유상지여하우불이)"라는 말이 있는데, 이는 곧 대부분의 사람은 노력과 수양에 따라 변화할 수 있다는 의미다. 그러므로 인상을 바꾸고 싶으면 행실을 바꾸고 익혀 나가면 된다. 자기 관상은 자신이 바꿀 수 있고, 미래 역시 자신이 바꿀 수 있다.

전장에서 승리하는 장수는 무엇이 다른가?

천하에 꼭 승리하는 군대는 없어도 꼭 승리하는 장수는 있으니,
장수는 참으로 가리지 않을 수 없다.

반드시 사람됨이 침착하고 억세고 마음이 넓고 굳세며,
깊이 생각하고 멀리 내다본 뒤에야 적을 헤아리고 형세를 살펴서
오랜 시간을 두고 무조건 이길 수 있는 것이다.

그러고 보면 발끈 성내고 용감하게 나아가서,
한때 시원한 승리를 취하였다가
마치 발을 돌리기도 전에 곧 꺾이어 패하는 사람과는
분명한 차이가 난다.

_〈금성방략 서〉

"스승님께서 삼군을 통솔하신다면 누구와 함께 하시겠습니까?" 자로가 공자에게 물었다. 자신의 강점인 용맹성을 스승에게 인정받고 싶어서 했던 질문이다. 자로는 "용맹성은 네가 가장 뛰어나니 너밖에 또 누가 있겠느냐?"라는 대답을 스승에게 기대했을 것이다. 하지만 공자의 대답은 생각과는 달랐다. "맨손으로 범을 잡고 맨몸으로 황하를 건너다 죽어도 후회하지 않는 사람과는 나는 함께하지 않는다. 반드시 일을 신중하게 대하고, 계획을 잘 세워 일을 이루는 사람과 함께하겠다." 공자는 자로에게 진정한 용기란 무엇인가를 가르쳐 주었다. 자신의 용기를 과시하며 무모한 행동을 하거나 죽음을 쉽게 여기는 태도는 용맹한 것이 아니라 만용에 불과하다. 어떤 일이든지 이루고 싶다면 먼저 철저한 준비를 해야 하고, 최선을 다해야 한다. 그렇게 할 때 일의 결실을 맺게 되고, 큰일도 맡아서 해낼 수 있다.

다산도 같은 뜻을 전했다. 무모한 용기를 앞세워 돌격하는 것은 진정한 장수의 덕목이 아니다. 또한 이는 꼭 장수에게만 해당하는 이야기는 아니다. 침착함, 사려 깊음, 깊이 생각하고 멀리 내다 봄, 지피지기의 지혜가 승리하는 장수를, 승리하는 인생을 만든다.

사슴을 쫓는 사람은
태산을 보지 못한다

사슴을 쫓는 사람은 태산을 보지 못한다.

마음을 사슴에 두고 있기 때문에 보아도 보이지 않는 것이다.

좌선을 하는 사람은 우레 소리를 듣지 못한다.

마음이 화두에 있기 때문에 들어도 들리지 않는 것이다.

공자가 '소(韶) 음악을 듣고 고기 맛을 몰랐던 것'은

마음이 소 음악에 있었기 때문에

고기를 먹으면서도 그 맛을 몰랐던 것이다.

_《대학공의》

"사람은 자신이 보고 싶은 것만 본다." 인지심리학의 명제로 잘 알려진 말이다. 이를 뒷받침하는 유명한 실험인 '보이지 않는 고릴라' 실험이 있다. 피실험자들에게 농구 시합 영상을 보여 주면서 패스가 몇 번 이루어지는지 세어 보라고 지시했더니, 영상 한가운데 등장해 9초 동안이나 머무르며 가슴을 두드린 고릴라를 무려 절반의 사람들이 보지 못했다. 사람들의 시선은 화면을 향해 있었지만, 마음이 패스 숫자를 세는 일에만 쏠려 있었기에 고릴라의 존재를 전혀 인식하지 못했던 것이다. 바로 '무주의 맹시(inattentional blindness)'로 불리는 착각이다.

이를 밝혀낸 실험이나 이론처럼 명확하지는 않지만, 이미 오래전 다산은 《대학》에 실린 글을 인용해 무주의 맹시의 철학을 생생히 보여 준다. "마음이 없으면 보아도 보이지 않고, 들어도 들리지 않고, 먹어도 그 맛을 모른다心不在焉 視而不見 聽而不聞 食而不知其味(심부재언 시이불견 청이불문 식이부지기미)." 어떤 일을 하든 마음을 다하지 않으면 그 일은 이루지 못한다. 태산을 보려거든 태산에, 우레 소리를 들으려거든 우레에 마음을 기울여야 한다. 결국 어떤 일을 이루고자 한다면 마음을 온전히 쏟아 몰입해야 한다는 사실을 다산은 말하고자 했다.

이름에 걸맞게
살아가고 있는가?

선비가 이 세상에 사는 데 있어 이름과 함께 살고 있으나
이름에 처하는 것은 같지 않다.

이름이 이르렀는데도 내가 그것을 버리는 것을
'이름을 피한다'라고 한다.
자신과 이름이 함께 이르면 '이름을 드날린다'라고 한다.
이름은 이르지 않았는데도 내가 그것을 얻으려고 찾아나선다면
그것을 '이름을 구한다'라고 한다.

이름을 구하는 것은 너무 천박하여 군자가 하지 않는다.
이름을 피하는 것은 너무 고상하여 이 또한 군자가 하지 않는다.
오직 행실이 닦이고 덕이 쌓이며, 문예가 성취되고 재능이 갖추어져서,
출세하여 천하에 드러난 이름을 잃지 않는 것은
성인이라도 부끄럽게 여기지 않는데,
하물며 평범한 선비이겠는가?

_〈사림제명록 서〉

입신양명(立身揚名), 곧 출세하여 이름을 드날리는 일은 모든 사람이 바라는 바일 것이다. 물론 세상에 자신을 드러내는 것을 하찮게 여기는 탁월한 내공의 사람들도 있지만, 평범한 사람이라면 누구든 자신의 이름이 알려지는 것을 마다하지 않는다. 다산도 예외가 아니었다. 그러나 반드시 지켜야 할 것이 있는데, 이름을 세우려 한다면 반드시 진실한 노력과 실력이 뒷받침되어야 한다는 사실이다. 이름을 날리기 위해 온갖 편법과 불법을 동원해서도 안 되고, 서둘러 이루기 위해 공정함을 잃어서도 안 된다. 상황이나 환경이 어렵다고 쉽게 포기해서도 안 된다. 다산은 광대의 예를 들어 이렇게 가르쳤다. "광대는 천하의 비천한 기술자이지만, 선발에서 뽑히지 않으면 부끄럽게 여긴다. 부끄럽게 여기면 격려되고, 격려되면 진취하고, 진취하면 덕을 이룰 수 있고 문예를 정밀하게 할 수 있다."

다산의 말은 한마디로 귀결된다. "이름에 걸맞은 사람이 돼라."《논어》에 "임금은 임금답게, 신하는 신하답게, 아버지는 아버지답게, 아들은 아들답게君君臣臣父父子子(군군신신부부자자)"라 한 것처럼, 이름만 드높이는 것이 아니라 그 이름에 합당한 덕과 실력을 갖춘 사람이 되어야 한다는 뜻이다. 그때 비로소 진정한 의미의 입신양명이 완성된다.

스스로 게을러져 근본을 잃지 마라

크게 두려운 것은, 우리가 모두 글이나 외고
시문이나 짓는 것을 업으로 삼는 그것이다.

선생(성호 이익)의 문하가 한번 흩어져 각자 집으로 돌아가서는
막연히 서로 잊어버리는 지경에 이르렀다.
게다가 경박하고 무례한 사람과 비속하고 의심 많은 무리가 있어
혹 조그마한 기예를 가지고 빠른 효과라고 꾀거나,
혹은 선가와 도가의 교리를 가지고 참된 길이라는 가르침에 동요되어
스스로 게을러지거나 현혹되어 빠져들게 된다면,
식견과 취향이 거칠어질 뿐 아니라
도리어 진취적인 자세에 방해가 된다.

반드시 근본이 혼탁해지고 점차 밝음을 잃어서
끝내 유용한 학문을 이루지 못한다.

_〈봉곡사에서 지은 술회시〉

유혹이 많은 세상이다. 지금이야 더욱 심해졌지만, 다산이 살던 시대도 지금과 다르지 않았다. 출처가 불분명한 정보나 근본 없는 지식을 내세워 지식 자랑과 돈벌이의 수단으로 삼는 이들이 넘쳐 났다. 그들은 저마다 자신을 스승이라 자처했으나, 정작 제대로 된 스승은 없었다.

남의 말에 휘둘려 허망한 길로 빠지기 좋은 이러한 세상에서 미혹되지 않으려면 먼저 내 안의 지식을 든든히 뿌리내려야 한다. 다산이 경계하는 것은 이와 같다. 스스로 게을러져 근본을 잃는 것. 혼란스러운 세상 속, 무엇이 옳은지 그른지 분별하는 능력과 지식만이 미혹됨을 막을 수 있는 유일한 수단이다.

근(勤)과 검(儉)은
군자의 행실이다

나는 논밭을 너희에게 남겨 줄 수 있을 만한 벼슬은 하지 않았다만,
삶을 넉넉히 하고 가난을 구제할 수 있는
두 글자를 너희에게 주니 소홀히 여기지 말아라.

한 글자는 '근'이요, 또 한 글자는 '검'이다.
이 두 글자는 좋은 전답이나 비옥한 토지보다 나은 것이니
평생 써도 다 쓰지 못할 것이다.

'근'이란 오늘 할 일을 내일로 미루지 말며
아침에 할 수 있는 일을 저녁때까지 미루지 말며,
갠 날에 할 일을 비 오는 날까지 끌지 말며,
비 오는 날에 할 일을 날이 갤 때까지 지연시켜서는 안 됨이다.

(…) 그렇다면 '검'이란 무엇인가?
의복은 몸을 가리기 위한 것을 취할 뿐이니,
가는 베로 만든 옷은 해어지기만 하면
세상없이 볼품이 없어지고 만다.

그러나 거친 베로 만든 옷은
비록 해어진다 해도 볼품이 없지 않다.
한 벌의 옷을 만들 때마다 모름지기
이후에도 계속하여 입을 수 있느냐의 여부를 생각해야 하는데
만약 그렇게 하지 못하면 가는 베로 만들어 해어지고 말 뿐이다.
생각이 여기에 미치면 고운 베를 버리고
거친 베로 만들지 않을 사람이 없을 것이다.

음식이란 생명만 연장하면 된다.
모든 맛있는 횟감이나 생선도
입안으로 들어가기만 하면 더러운 물건이 되어 버리므로
목구멍으로 넘기기 전에 사람들은 더럽다고 하는 것이다.

_〈두 아들에게 주는 가계〉

다산이 가르치는 검과 근, 두 글자의 덕목은 단지 궁핍한 사람에게만 해당하는 것은 아니다. 아무리 귀한 신분의 사람이라도 자신을 다스리는 데 반드시 필요한 덕목이다. 다산은 이렇게 말한다. "이러한 생각은 눈앞의 궁한 처지를 대처하는 방편일 뿐만 아니라, 비록 귀하고 부유함이 극도에 다다른 선비라고 할지라도 집안을 다스리고 몸을 바르게 하는 방법으로 이 근과 검 두 글자를 버리고는 손을 댈 곳이 없을 것이다. 너희들은 반드시 가슴 깊이 새겨 두도록 해라." 제갈량이 아들에게 쓴 〈계자서〉에도 이와 같은 가르침이 나온다. "무릇 군자의 행실이란 평온한 마음으로 수신하고, 검약하는 마음으로 덕을 함양하는 것이다 夫君子之行 靜以修身 儉以養德 (부군자지행 정이수신 검이양덕)."

다산이 두 아들에게 강조했던 근면함과 검소함은 단순히 가난을 극복하거나 부자가 되기 위한 수단만은 아니다. 자신을 수양하고 덕을 함양하는 삶의 방식이었다. 이는 설사 많은 부를 가진 사람이라고 해도 예외가 아니다.

태산을 보려거든 태산에,
우레 소리를 들으려거든 우레에
마음을 기울여야 한다.

4장

성찰에 관하여

소각위축(所覺爲畜),
마음을 살피고 깨달음을 쌓아 나를 성장시킨다

사의재(四宜齋)에서 자신을 돌아보다

생각은 마땅히 담백해야 하니
담백하지 않은 바가 있으면 그것을 빨리 맑게 해야 하고,
외모는 마땅히 근엄해야 하니
근엄하지 않은 바가 있으면 그것을 빨리 단정히 해야 하고,
말은 마땅히 적어야 하니
적지 않은 바가 있으면 빨리 그쳐야 하고,
움직임은 마땅히 무거워야 하니
무겁지 않은 바가 있으면 빨리 멈추어야 한다.

_〈사의재기〉

다산이 강진으로 귀양 갔을 때 거처하던 집을 '사의재'라 이름 짓고, 그 뜻을 기념하여 남긴 글이다. 사의재란 말 그대로 네 가지에 마땅하다는 뜻으로, 말과 행동, 마음가짐과 처신을 언제나 바르게 하겠다는 다짐이 담긴 이름이었다. 그는 이 집을 자신의 삶을 성찰하는 공간으로 삼았다. 그리고 그곳에서 쓴 글을 평생의 지침이자 근본으로 삼았다. 다산은 이렇게 고백한다. "'마땅하다'라는 것은 곧 '의롭다(義)'라는 뜻이니, 의로 제어함을 이른다. 나이가 점점 들어 감을 생각하니, 뜻했던 학업이 무너져 버린 것이 슬퍼진다. 이제는 다만 스스로 반성하기를 바랄 뿐이다."

다산은 사의재에서 자신을 돌아보며 끝없이 성찰했다. 그리고 학업과 집필에 매진했다. 성찰하는 사람은 멈추지 않는다. 어려움 속에서도 다시 일어나고, 마침내 큰 결실을 이루고야 만다.

예순에 묘지명을 직접 쓰며

내 나이 예순, 돌아보니 한 갑자를 다시 만난 시간을 견뎠다.
나의 삶은 모두 그르침에 대한 뉘우침으로 보낸 세월이었다.
이제 지난날을 거두어 정리하고, 다시 시작하고자 한다.
이제부터 빈틈없이 나를 닦고 실천하고 내 본분을 돌아보면서
내게 주어진 삶을 다시 나아가고자 한다.

_〈자찬묘지명〉

사람은 누구나 잘못을 저지른다. 다산과 같이 위대한 인물도 마찬가지였다. 그러나 그가 우리와 달랐던 점은 날마다 자신을 돌아보며 성찰했다는 것이다. 삶을 통찰하는 지혜와 자신을 바로잡고 소명을 이루는 힘은 모두 성찰에서 비롯된다. 영화를 누릴 때도, 고난에 처할 때도, 평온한 일상에서도 마찬가지다.

　그리고 인생에는 어느 순간, 완전히 새롭게 출발해야 할 때가 찾아온다. 다산은 예순의 나이에 자기의 묘지명을 직접 쓰면서 그 시기를 새로운 삶을 향해 나아갈 시작점으로 삼았다. 삶을 돌아보며, 후대에 어떤 사람으로 남을지를 스스로 정했다. 그 계기는 사람마다 다를 것이다. 하지만 삶에서 가장 절실하고 갈급한 순간에 스스로를 돌아보고 자신을 새롭게 한다면 이미 한 걸음을 내디딘 것이다.

두고두고
부끄러운 일은 아닌가?

천하에는 두 가지 큰 기준이 있는데
하나는 옳고 그름이요, 또 하나는 이익과 손해다.

이 두 가지 큰 기준에서 네 종류의 큰 등급이 생긴다.
옳은 것을 지켜서 이익을 얻는 것이 가장 큰 등급이요,
옳은 것을 지켜서 해를 받는 것이 그다음이며,
나쁜 것을 좇아 이익을 얻는 것이 그다음 등급이다.
가장 나쁜 등급은 나쁜 것을 좇아서 해를 받는 것이다.

_〈학연에게 쓴 글〉

다산이 죄인의 명부에서 빠져 고향으로 돌아올 수도 있었으나, 원한을 품은 사람들의 반대로 그럴 수 없었다. 아들은 답답한 마음에 이들에게 사죄의 편지를 보내 석방을 도모하자고 말했다. 이에 다산이 아들에게 편지를 썼는데, 그 서두에 있는 글이다.

　사람은 누구나 곤란에 처하면 스스로 굽히고 싶은 마음이 생긴다. 특히 인생이 걸린 중대한 순간에는 더욱 그렇다. 물론 수양의 최고 경지에 이른 사람처럼 매 순간 엄격하게 도덕성을 지키며 살아가는 것은 쉽지 않다. 하지만 그렇다고 포기할 수는 없다. 그때마다 새겨야 할 것은 이러한 질문이다. "두고두고 부끄러운 일은 아닌가?" 일시적인 곤경을 모면하기 위해 자신을 굽히는 것이 더 큰 부끄러움과 후회를 남기지는 않는지 돌아볼 줄 알아야 한다.

글에 집착하는
자기 욕심을 성찰하다

내 평생에 큰 병통이 있다.
무릇 생각하는 것이 있으면 쓰지 않을 수 없고,
쓰면 남에게 보이지 않을 수 없다.
바야흐로 그 생각이 이르면 붓을 잡고 종이를 펴서
잠시도 머뭇거리지 않고 글을 쓰고,
글을 짓고 나서는 스스로 사랑하고 좋아하여
곧 조금이라도 문자를 아는 사람을 만나면
내 말이 완벽한가, 편벽되지는 않았는가,
혹은 그 사람과 친밀한가 소원한가를 미처 가리지 않고
급히 전하여 보이려 한다.

그렇게 사람과 한바탕 말하고 나면
마음속에는 도무지 한 가지도 남아 있는 것이 없다.
그로 인하여 정신과 기혈이 다 흩어지고 새어 나가서
쌓이고 길러지는 의미가 없어져 버린다.
이러고서 어떻게 성품과 영혼을 함양하고
몸과 명예를 보전할 수 있겠는가.

요즘 와서 점검해 보니 모두 '가볍고 얕음(輕淺, 경천)',
두 글자가 빌미가 된 것이다.
이것은 덕을 숨기고 수복을 기르는 공부에
크게 해로움이 있을 뿐만 아니라
비록 말과 글, 문장이 다 수두룩 멋이 있다고 하나,
점차 얕고 좁아져서 남에게 존중을 받지 못하게 된 것이다.

_〈도산사숙록〉

사람들은 누구나 다른 사람의 잘못은 잘 보지만 정작 자기 잘못은 잘 깨닫지 못한다. '자기 눈의 들보는 보지 못하면서 남의 눈에 있는 티끌은 잘 본다'라는 말이 바로 그것이다. 하지만 인간의 약점은 이에 그치지 않는다. 설사 알았다고 해도 자기의 잘못은 고치기 싫다. 잘못을 깨닫고 고치려 하다가도 남이 지적하면 더더욱 참지 못한다. 다른 사람이 충고하는 마음을 오해하거나, 설령 진심임을 알더라도 자존심 때문에 거부한다.

다산은 좋은 글에 집착하는 자신의 욕심을 깊이 성찰했다. 그리고 신랄할 정도로 솔직하게 토로했다. 좋아함을 넘어서 집착이 되고, 겸손이 아니라 자만이 되어 한없이 가벼워지는 자신을 돌아보았다. 학문은 물론 삶까지도 무너질 수 있다는 위기감에서 비롯된 성찰이었다.

《도덕경》은 이렇게 말한다. "사람을 아는 자는 지혜롭고 자신을 아는 자는 명철하다知人自知 自知者明(지인자지 자지자명)." 남을 아는 것보다 더 중요한 것은 자기 자신을 아는 일이다. 스스로를 솔직하게 들여다보고, 그 부족함을 안 후에 날마다 고쳐 나간다면 날마다 성장할 수 있다.

신중하고 두려워하는 마음으로
절제하라

나의 병은 내가 잘 안다.
나는 용감하지만 지모가 없고, 선을 좋아하지만 가릴 줄을 모르며
마음 내키는 대로 행하여 의심할 줄을 모르고
두려워할 줄도 모른다.
그만둘 수 있는 일이지만
마음에 기쁘게 느껴지기만 하면 그만두지 못하고,
하고 싶지 않은 일이지만
마음에 꺼림칙하여 불쾌하게 되면 그만둘 수 없다.

그래서 어려서부터 세속 밖에
멋대로 돌아다니면서도 의심이 없었고,
이미 장성해서는 과거 공부에 빠져 돌아설 줄 몰랐고,
나이 서른이 되어서는 지난날의 과오를
깊이 뉘우치면서도 두려워하지 않았다.
이 때문에 선을 끝없이 좋아하였으나,
비방은 홀로 많이 받고 있다.

아, 이것이 또한 운명이란 말인가?
이것은 나의 본성 때문이니,
내가 또 어찌 감히 운명을 말하겠는가?

내가 노자의 말을 보건대,
"신중하라, 한겨울에 내를 건너듯이.
두려워하라, 사방에서 에워싼 듯이"라고 하였으니,
아, 이 두 마디 말은 내 병을 고치는 약이 아닌가?

대체로 겨울에 시내를 건너는 사람은 차가움이 **뼈**를 에듯 하므로
매우 부득이한 일이 아니면 건너지 않는다.
사방에서 이웃이 엿보는 것을 두려워하는 사람은
다른 사람의 시선이 자기 몸에 이를까 염려한 때문에
매우 부득이한 경우라도 하지 않는다.

_〈여유당기〉

다산은 평생 하고 싶은 일, 해야 하는 일이라면 망설이지 않고 행하며 살아왔다. 설령 하고 싶지 않더라도 잘못된 일, 불의한 일은 참을 수 없기에 두려움 없이 행했다. 학문을 좋아했기에 쉼 없이 공부했고, 정의로운 일이기에 남을 비판하는 데 주위를 돌아보거나 망설임이 없었다.

그러나 많은 사람들의 원망을 사고 비방을 받아 긴 귀양살이를 겪으면서 다산은 깊은 깨달음을 얻었다. 단호히 나아가야 할 때도 있지만, 삶은 보다 신중해야 하고 두려운 마음으로 절제해야 한다는 것이었다. 그는 《도덕경》의 말을 인용했다. "신중하라, 한겨울에 내를 건너듯이. 두려워하라, 사방에서 에워싼 듯이"與兮 若冬涉川 猶兮 若畏四隣(여혜 약동섭천 유혜 약외사린)." 신중하고 두려워하는 마음. 다산의 당호인 '여유당'은 바로 이런 자신에 대한 성찰에서 나왔다.

잘못을 고치지 못하는 것이
나의 잘못이다

우리들은 허물이 있는 자들이다.
힘써야 할 것 중에 급한 일은
오직 '허물을 고치는 것(改過)', 두 자일 뿐이다.

세상을 오만하게 보고 남을 능멸하는 것이 한 가지 허물이고,
기예를 자랑하고 재능을 뽐내는 것이 한 가지 허물이고,
영화를 탐내고 이익을 사모하는 것이 한 가지 허물이고,
은택을 생각하고 원한을 잊지 않는 것이 한 가지 허물이고,
뜻이 같으면 한패가 되고
뜻이 다르면 배척하는 것이 한 가지 허물이고,
잡서 보기를 좋아하는 것이 한 가지 허물이고,
새로운 견해를 내려고 욕심부리는 것이 한 가지 허물이니,
가지가지 결점을 셀 수가 없다.

여기에 맞는 약제가 하나 있으니,
고칠 개(改) 자가 오직 그것일 뿐이다.
진실로 그 허물을 고치면 우리 퇴옹(退翁, 퇴계)께서도 또한

'아무개는 허물이 없는 사람이다'라고 할 것이다.

아! 어떻게 해야 이를 얻을 수 있겠는가.

_〈영천 군수에게 보낸 소수서원을 논한 글〉

퇴계가 영천 군수에게 '중문(仲文)이 비록 두 번의 허물이 있었으나 능히 고치면 허물이 없는 사람과 같습니다'라고 보낸 글에 대해 다산이 깨달음을 얻어 쓴 글이다. 세상에 허물이 없는 사람은 없다. 그리고 그 허물을 고치는 일은 더욱 어렵다. 오죽하면 성인으로 꼽히는 공자조차 '잘못을 고치지 못하는 것이 나의 잘못이다'라고 한탄했겠는가. 단지 평범한 우리는 힘써 노력할 뿐이다. 하루아침에 완벽해질 수는 없지만, 끊임없이 잘못을 고쳐 나가는 성찰의 과정만이 어제보다 나은 자신을 만든다.

이제부터 빈틈없이
나를 닦고 실천하고
내 본분을 돌아보면서
내게 주어진 삶을
다시 나아가고자 한다.

천하에 '나'보다
더 잃기 쉬운 것이 없다

유독 이른바 '나'라는 것은 그 성품이 달아나기를 잘하여
드나듦에 일정한 법칙이 없다.

아주 친밀하게 붙어 있어서 서로 배반하지 못할 것 같으나
잠시라도 살피지 않으면 어느 곳이든 가지 않는 곳이 없다.
이익으로 유도하면 떠나가고,
위험과 재앙이 겁을 주어도 떠나가며,
새까만 눈썹에 흰 이를 한
미인의 요염한 모습만 보아도 떠나간다.
그런데 한 번 가면 돌아올 줄 몰라 찾아서 만류할 수 없다.

그러므로 천하에서 '나'보다 더 잃어버리기 쉬운 것이 없다.
어찌 실과 끈으로 매고 빗장과 자물쇠로 잠가서 지키지 않는가.

_〈수오재기〉

다산은 과거 시험을 준비하고 성공을 구가했던 이십여 년을 '나를 잃어버린 시간'이라고 했다. 우리 역시 치열한 삶을 살면서 열심히 산다고 만족하고 있을지 모르나, 정작 우리 자신을 잃어버리고 있을지도 모른다. 아무리 큰 성공을 거두고 명예를 누려도 나 자신을 잃어버리면 그 삶은 아무 의미도 없다.

그러나 다산은 다행스럽게도 '나'를 찾았다. 머나먼 바닷가 귀양지에서였다. 최악의 절망에서, 삶을 포기할 수도 있었던 극단적인 고난의 시간에 다산이 자신을 찾을 수 있었던 힘은 무엇일까? 그것은 자기 삶의 의미와 가치가 학문에 있고, 오직 집필을 통해서만 이 삶의 목적을 달성할 수 있다는 확신이었다. 성공에 묻혀 그동안 잊고 있었던 본래 '학자'라는 정체성의 자각이었다. 우리 역시 바쁘고 치열한 일상에서 잠깐 시간을 내어 '나'를 잃어버린 건 아닐까 돌아보면 좋겠다.

단점에 대한
솔직한 고백

약용은 성품이 조급하여 함양하는 소질이 없으니
주자께서 이르신 태양증입니다.
마음을 가라앉히고 가만히 앉아 있기가 가장 어렵습니다.
도리어 열이 오르고 가슴이 답답해지기도 합니다.
이것은 처음에 부딪히는 것으로서 어쩔 수 없는 것인듯한데,
오랜 공력을 쌓으면 점점 나아질 것으로 압니다.

_〈이계수에게 답함〉

다산이 서른넷에 금정찰방으로 좌천되었을 때 벗인 이계수와 주고받은 편지에 있는 글이다. 벼슬길에서 밀려난 처지가 당연히 힘들고 고단했을 것이다. 이런 상황에서 다산은 자신의 성품이 조급하고 끈기가 없음을 고백한다.

그런데 이런 다산이 어떻게 오백여 권이 넘는《여유당전서》를 집필할 수 있었을까? 그 해답 역시 이 고백 속에 담겨 있다. 다산은 자신의 단점을 분명히 인식했다. 스스로 고쳐 나가면 분명히 나아질 것이란 믿음과, 흔들리지 않고 계속해 나가면 위대한 일을 이룰 수 있으리라는 자신에 대한 확고함을 보여 준다. 솔직하게 자기 모습을 들여다보고, 개선하고, 고쳐 나가는 노력을 그치지 않는 것. 평범한 사람이 위대한 일을 이루는 비결이다.

나는 나이에 합당한 존재인가?

지(志)는 마음에 일정한 방향이 있는 것을 이르고,

입(立)은 몸이 안정되어 있어 동요하지 않는 것을 이르고

불혹(不惑)은 이치대로 보는 것이 명확하여 미혹됨이 없는 것을 이른다.

지천명(知天命)은 절대자의 법칙에 순응하여

궁하거나 통함에 대해 의심하지 않는 것을 이르고

이순(耳順)은 말이 귀에 거슬리지 않는 것을 이르니,

조화롭게 순한 기운(和順, 화순)이 마음에 쌓이면

비록 이치에 맞지 않는 말이라도 귀에 거슬리는 바가 없다.

_《논어고금주》

"나는 열다섯에 학문에 뜻을 두었고, 서른에 주관을 바로 세웠으며, 마흔에는 미혹되지 않았다. 쉰에는 하늘의 뜻을 알게 되었고, 예순에는 말을 듣는 법을 터득했고, 일흔에는 마음 가는 대로 해도 법도에 어긋나지 않았다." 《논어》에서 말한, 공자가 나이가 들어 감에 따라 이루었던 이 수양의 단계를 다산이 해석해 준다. 공자와 같은 성인이 도달했던 경지이므로 평범한 사람들이 그대로 따르기는 쉽지 않다. 단지 인생의 단계마다 이루고 싶은 목표로 삼는다면 충분할 것이다.

다만 그 전에 반드시 새겨야 할 것이 있다. 나이에 따라 분명히 나 자신을 돌아볼 수 있어야 한다는 점이다. 나이만 먹는다고 저절로 어른이 되고 지혜가 더해지는 것은 아니다. 때에 맞는 성찰과 배움이 쌓이지 않는다면, 나이는 단지 세월의 숫자에 불과할 뿐이다. 그러므로 우리는 끊임없이 자문해야 한다. "나는 내 나이에 합당한 존재인가?" 다산은 이런 질문을 스스로에게 던지며, 매 순간 자기 성찰을 게을리 하지 않았다.

선을 따르기는
산을 오르듯 어렵다

가령 어떤 사람이 아홉 가지 일은 모두 악한데
한 가지 일이 우연히 착하다 해도 그는 착한 사람이 안 되며,
또 아홉 가지 일은 모두 착한데 한 가지 일이 우연히 악하다고 해도
착하지 않은 사람이 됩니다.

가령 어떤 항아리가 그 전체는 모두 깨지고
그 주둥이만 온전하다 해도 깨진 항아리가 되며,
그 전체는 온전한데 오직 구멍 하나만 뚫렸어도
깨진 항아리가 됩니다.

곧 사람이 매사에 선을 다하지 못한다면,
끝내 착하지 않은 사람이 됨을 면치 못하게 될 것입니다.
사람이 선을 이루기 어려움이 이와 같습니다.

_〈매선당기〉

아무리 선하게 살려 노력해도 높은 차원의 기준으로 빈틈없이 선함을 지켜 내기란 쉽지 않다. 평범한 사람들의 한계일 것이다. 단지 일상에서 노력해 나갈 뿐이다. 사람들을 예의와 배려로 대하고, 매사에 선함을 지키고, 잘못을 반성해 돌이킬 수 있는 시작은 자신의 부족함과 한계를 인정하는 일이다. 그리고 자신을 조용히 돌아볼 수 있는 신독(愼獨)의 자세를 갖는 것이다.

다산은 존경하던 채제공의 당호인 매선당에 기문으로 남긴 이 글에서, 선을 이루는 것이 얼마나 어려운지에 대한 자신의 심경을 솔직하게 밝혔다. 그러나 홀로 있는 조용한 시간에 자신을 돌아보고 반성과 성찰의 시간을 가질 수 있다면, 비록 잘못을 아예 하지 않는 완벽한 사람은 될 수 없을지라도 하루하루 나아지는 자신은 만들어 갈 수 있다.

한 톨의 밤을 빼앗겨 우는 어린아이와 같이

저녁 무렵에 숲속을 거닐다가 우연히 한 어린아이를 보았다.
그런데 그 아이가 자지러지는 소리로 울어 대며
참새가 뛰듯이 수없이 뛰기를
여러 개의 송곳날에 배가 찔린 듯, 방망이로 가슴을 얻어맞은 듯,
참담하고 절박하기가 금방 죽어 가는 듯한 형상을 하고 있었다.

까닭을 물으니 그 아이가 나무 아래서 밤 한 톨을 주웠는데
어떤 사람이 그걸 빼앗아 갔다는 것이다.
아아! 천하에 이 어린아이처럼 울지 않을 사람이 몇이나 있겠는가?

벼슬을 잃고 세력을 잃은 자나 재물을 손해 보고 돈을 잃은 자나
자식을 잃고 애통해하다 죽음에 이르게 된 자는
달관한 경지에서 본다면 모두
한 톨의 밤과 같은 것이라 할 수 있다.

_〈두 아들에게 보여 주는 가계〉

우리는 모두 한 톨의 밤 때문에 기뻐하고, 그것을 잃으면 괴로워 울고 불고하는 어린아이와 같이 살고 있는지도 모른다. 재물을 얻으면 세상을 모두 얻은 것처럼 기뻐하고, 재물을 잃으면 삶의 의미를 모두 빼앗긴 것처럼 절망하고 좌절한다.
　다산은 둘째 아들 학유에게 길을 가면서 읽으라고 이런 글을 써 주었다. "한차례 배불러 살이 찌고, 한 번 굶어 수척할 것을 일러 천한 짐승이라고 한다. 안목이 짧은 사람은 오늘 뜻 같지 않은 일이 일어나면 낙담하여 눈물을 흘리고, 내일 뜻에 맞는 일이 있게 되면 생글거리며 얼굴을 편다. 일체의 근심과 기쁨, 즐거움과 분노, 사랑과 미움의 감정이 모두 아침저녁으로 변한다. 달관한 사람이 이를 보면 비웃지 않겠느냐?" 모름지기 하루하루 처한 상황에 일희일비하지 않고, 인생의 뜻을 향해 흔들림 없이 나아가라는 당부다.
　하루아침의 근심으로 살아가는 사람은 진정한 행복과 평안에 이르기 힘들다. 나는 무엇을 추구하여 이처럼 허덕거리며 살고 있는가? 한 톨의 밤을 빼앗겨 죽어 가듯 우는 어린아이에게서 얻은 다산의 통찰을 생각해 보자. 삶에서 정말 중요한 것은 무엇인지 반드시 마음을 헤아려 볼 일이다.

우리의 마음 안에 있는
허다한 병통

우리가 진실로 마음 다스리는 학문에 유의한다면,
곧 마음 안에 허다한 병통이 있음을 느낄 것이다.

주자는 '이같이 하는 것이 병이 됨을 알면
이같이 하지 않는 것이 약이 됨을 곧 알 것이니,
바야흐로 맹렬히 공부할 수 있다' 하였다.

학자가 마음의 병이 있다는 것을 깨닫는 경지에 이르지 못하면,
어떻게 다스림이 순조롭고 기운이 조화로운 경지를 이루겠는가.

_〈도산사숙록〉

《맹자》는 "학문의 길은 다른 데 있는 것이 아니라 잃어버린 마음을 찾는 데 있다 學問之道無他 求其放心而已矣(학문지도무타 구기방심이이의)"라고 하며, 평단지기(平旦之氣)를 말했다. 이는 낮 동안 잃어버린 선한 마음을 회복하기 위해 생명이 되살아나는 고요한 새벽에 자신을 돌아보는 시간을 갖는 것을 의미한다.

바로 이것이 다산이 말한 '마음 안에 허다한 병통'이 있음을 느끼는 일이다. 내 마음이 연약하다는 사실과 마음은 내 말을 곧잘 듣지 않는다는 사실을 깨달아야 한다. 바른 삶을 살기 위해서 가장 먼저 할 일은 자기부정이 아니라 자기인정이기 때문이다. 잃어버린 마음을 찾는 시간, 바로 내가 단단해지는 성찰의 시간이 있어야 학문도 다른 일도 할 수 있으며, 새롭게 다음 과정으로 넘어갈 수 있다.

뉘우쳐야 할 일이
형보다 만 배나 많다

참으로 뉘우친다면 과오는 허물이 될 수 없다.
둘째 형님께서 재실을 그렇게 이름 지은 것은
그 뜻이 어찌 크지 않은가?

그러나 뉘우침에도 도(道)가 있으니,
만약에 밥 한 그릇 먹을 만한 짧은 시간에 불끈 성을 내었다가
이윽고 마치 뜬구름이 하늘을 지나가는 것처럼
무의미하게 생각해 버린다면,
이것이 어찌 뉘우치는 도이겠는가.

조그마한 과오가 있을 때는
고치고 나서 잊어버려도 괜찮으나,
큰 과오가 있을 때는 그 뉘우침을 잊어서는 안 된다.

뉘우침이 마음을 길러 주는 것은
마치 분뇨가 곡식의 싹을 키워 주는 것과 같다.
분뇨는 썩은 오물로써 그 싹을 길러 좋은 곡식으로 만들고,

뉘우침은 죄와 과오로부터 덕성을 키우게 하니,
그 이치는 매한가지이다.

_〈매심재기〉

다산이 둘째 형의 청으로 재실에 붙일 글을 지었다. 다산은 이 글에 이어서 이렇게 자신을 돌아봤다. '나는 뉘우쳐야 할 일이 형에 비해 만 배나 더하니, 이 뜻을 빌려다가 내 방에 이름을 붙이는 것이 좋겠다. 그러나 이 반성의 마음이 이미 내 안에 있으니, 굳이 방에 이름을 붙이지 않아도 될 것이다.' 사람됨은 자신의 잘못을 어떻게 대하느냐에 따라 달라진다. 하지만 보통 사람들은 변명하거나, 원망한다. 주위 사람들에게 잘못을 돌리고, 환경을 원망하고, 하늘을 원망하기도 한다.

《안자춘추》에는 이런 말이 있다. "어리석은 자는 후회가 많고, 부족한 사람은 스스로 현명한 줄 안다. 물에 빠진 자는 물길을 살피지 않았고, 길을 잃은 자는 길을 묻지 않았다愚者多悔 不肯者自賢 溺者不問隊 迷者不問路 (우자다회 불초자자현 익자불문대 미자불문로)." 잘못을 인정하지 않고 외부로 책임을 돌리는 사람은 결국 같은 잘못을 되풀이한다. 하지만 반성의 마음을 안으로 가졌던 다산은 다른 무언가를 탓하지 않았다. 오히려 자신이 뉘우쳐야 할 일이 형에 비해 '만 배'나 많다고 고백하며 스스로를 성찰했을 뿐이다.

아무리 큰 성공을 거두고 명예를 누려도
나 자신을 잃어버리면
그 삶은 아무 의미도 없다.

5장

관계에 관하여

덕불고(德不孤),
진실한 마음으로 사귀고 지혜롭게 대한다

깊은 사랑은
말하지 않아도 전해진다

내가 강진에서 귀양살이하고 있을 적에
병이 든 아내가 헌 치마 다섯 폭을 보내왔는데,
시집올 적에 가져온 예복이었다.

붉은색이 담황색으로 바래서 책으로 쓰기에 알맞았다.
이 치마를 재단하여 조그만 첩을 만들어
손이 가는 대로 두 아들을 훈계하는 글을 썼다.
훗날 이 글을 보고 느끼는 바가 있으리라.

두 어버이의 흔적과 손때를 생각한다면
그리는 마음이 뭉클하고 솟아나지 않을까.

_〈하피첩〉

유배 생활 10년째 되던 해 아내 홍 씨가 낡은 치마를 보내왔다. 시집올 때 입었던 활옷, 즉 결혼 예복으로 남편을 그리워하는 절절한 마음을 담아 보낸 것이다. 다산은 이 치마폭을 잘라 서첩을 만들었는데, 아내에게 보내는 연서가 아닌 두 아들을 훈계하는 글을 담아서 보냈다. 아내에 대한 사랑은 마음에 담고, 두 아들이 잘되기를 바라는 부부의 염원을 서첩에 담은 것이다. 이 서첩은 '하피첩(霞帔帖)'이라고 다산이 직접 이름 붙였다.

노자가 "성인은 알지만 드러내지 않고, 아끼지만 귀하게 여기지는 않는다聖人自知不自見 自愛不自貴(성인자지부자현 자애부자귀)"라고 한 것처럼, 다산은 아내에 대한 그리움과 사랑을 직접적으로 표현하지 않았다. 대신 그 마음을 아들들에 대한 훈계로 승화시켜 더욱 깊고 오래갈 사랑의 형태로 남겼다. 이것이 다산의 표현법이다. 깊은 사랑은 굳이 말로 하지 않아도 읽는 사람의 마음을 흔든다.

조화를 이루되
동화되지 않는다

회답해 주신 편지 잘 받았습니다.

그런데 육향(六鄕)을 국도의 성 밖
먼 교외의 백 리 안에 있다고 여전히 주장하니
옛것을 치열하게 믿고 좋아하는 노형의 지조는
요지부동인 것을 깊이 인정하지 않을 수 없습니다.

나 나름대로 공경하고 찬탄하며
사모하는 마음을 이기지 못하겠습니다.
일찍이 이런 점을 알면서도
오히려 어긋나게 몇 마디 말을 함으로써
스스로 개미가 큰 나무를 흔드는 것과 같은 짓을 하려고 했으니
힘을 헤아리지 못함이 이와 같습니다.

그러나 경전의 뜻에 끝내 석연치 못한 바가 있기에
문득 전의 주장을 다시 늘어놓아
깨우쳐 주시기를 바라오니

감히 고명하신 견해를 외면하지 못함이 또 이와 같습니다.
스스로도 웃음이 나오는 것을 어찌할 수 없습니다.

_〈신재중에게 답함〉

신재중은 과거에 급제했으나 벼슬에 나가지 않고 학문에 전념한 당대의 석학이었다. 다산은 말년에 그와 교류하며 학문적 이견으로 몇 차례 치열한 논쟁을 벌였다. 그러나 다산의 태도는 늘 같았다. 먼저 상대의 학식을 인정하고 자신을 낮춤으로써, 학문적 토론이 감정의 충돌로 흐르지 않게 했다. 자기 주장을 굽히지는 않되, 상대를 존중하는 품격 있는 토론의 정수를 보여 주었다.

그러나 끝내 결론에서는 자신의 주장을 포기하지 않았다. 위세에 눌려 내 주장을 포기하는 것은 비겁하다. 자존심 때문에 포기하지 않는 것은 옹졸하다. 끝까지 주관을 굽히지 않을 때 오히려 상대도 나를 인정한다.《논어》에 "군자는 조화를 이루되 동화되지 않지만, 소인은 쉽게 동화되지만 조화를 이루지 못한다君子和而不同 小人同而不和(군자화이부동 소인동이불화)"라는 이야기가 있다. 다른 사람과 이견이 있을 때 억지로 상대에게 맞추며 휘둘리지 않고, 그렇다고 독선에 빠져 고립되지도 않는 것. 그것이 관계를 유지하는 좋은 방법이자 군자의 품격이다.

지나친 칭찬을 주고받는 건
진정한 우정이 아니다

보내 주신 글 가운데 칭찬이 너무 많아 실정보다 지나칩니다.
앞쪽의 백여 마디는 글자마다 실정에 어긋나므로
읽고 나서는 크게 실망했습니다.

옛날 10년 전에 서울의 여러 벗과 강학하며
도에 대해 논할 때 일입니다.
갑이 말끝마다 칭찬하면 을은 몸을 받들어 사양합니다.
이번에는 을이 배나 더 칭송합니다.
그러면 갑은 말이 떨어지기가 무섭게 겸양하지요.

몇 년 후에 보면 둘 다 벼슬길에 나아가지 못했습니다.
지난번 산사에 있을 때 이삼환 선생께서 누누이 당부하시기를,
이 같은 습속을 없애기에 힘쓰라고 하셨는데
형께서 선생이 크게 경계하신 일을 행여 범할 줄은
생각지도 못했습니다.

대저 벗을 귀하게 여기는 것은

절시마탁(切偲磨濯)*하는 유익함이 있기 때문입니다.
마치 돌침으로 뼈에 침을 놓듯이 어리석음과 게으름을 경계하고,
쇠칼로 눈동자의 백태를 깎아 내듯 허물과 잘못을 바로잡아야 합니다.
상대방이 설령 큰 재주와 높은 덕이 있더라도
내가 무엇 때문에 그에게 이를 말하겠습니까?

하물며 속되고 비루한 무리에게 과도하게 칭찬을 하는 것은
장차 남에게 웃음거리가 될 뿐이니
주는 자나 받는 자나 그 잘못이 똑같을 뿐입니다.

_〈이문달에게 답함〉

---

* 잘못을 바로잡고 선을 권해 역량을 키우는 것

'과공비례(過恭非禮)'라는 말이 있다. 과도한 공손은 오히려 예의에 어긋난다는 뜻이다. 다산은 친구인 이문달이 지나치게 칭찬하자 마음이 거북했다. 그리고 그것을 따끔하게 지적하며 고치기를 권했다. 진정한 친구의 자세를 보여 준 것이다. 좋은 친구라면 겉과 속이 다를 수 없다. 지나친 칭찬도 마찬가지다. 다산은 설사 그것이 진심이라고 해도, 칭찬을 나누며 서로의 만족에만 머문다면 함께 험한 길을 가기에는 문제가 있다고 보았다.

《예기》는 말한다. "군자의 사귐은 맑은 물과 같고, 소인의 사귐은 단술과 같다君子之接如水 小人之接如醴(군자지접여수 소인지접여례)." 물은 맑고 담백하여 오래가지만, 단술은 처음엔 달콤해도 금세 변질된다. 진정한 벗의 관계는 화려한 말이 아니라, 담백한 진심과 서로를 향한 바른 충고 속에 자리한다.

해야 할 말은 반드시 한다

항상 안개와 노을, 강물과 바위, 그리고 들풀을 향한 마음을
폐부에 스며들게 하고 골수에 새기십시오.
또한 마음이 맑아지고 눈이 밝아져서
이치를 보는 것이 정밀하고 투철해져서,
자벌레가 푸른 것을 먹으면 몸이 푸르게 되고
누런 것을 먹으면 몸도 누레지는 것과는
같지 않게 될 것입니다.

_〈윤계용 영휘에게 답함〉

벼슬을 하고 있던 윤영휘가 요란한 행차를 벌이며 귀양 중인 다산을 찾아와서는 한참을 거들먹거리고 갔다. 다산은 이에 완곡하게 충고하며 글을 썼다. 《근사록》에 나온 "성인은 일이 잘 풀려 나갈 때 더 경계해야 한다聖人爲戒 必於方盛之時(성인위계 필어방성지시)"와 같은 말을 전하고 싶었을 것이다.

다산은 마음이 상하지 않게 인용과 비유로 전했다. 상대의 체면을 세워 주면서도 할 말은 놓치지 않았다. 사실 친구 간에 하기 어려운 충고일 테지만, 다산은 주저하지 않고 자신의 생각을 전했다. 해야 할 말은 반드시 한다. 친구뿐만 아니라 어떤 관계에서도 마찬가지다. 아마 이 글을 받아 든 윤영휘도 그 뜻을 알았을 것이다.

덕으로 사귄 벗은
쉽게 멀어지지 않는다

사람은 누구나 벗이 있다.

문학과 예술로 벗을 사귄 사람은 때로는 재능을 다투다가
한 글자 한 구절의 잘하고 못한 데서 틈이 벌어져
그 좋은 관계를 보전하지 못하고,

명분과 절조로 벗을 사귄 사람은
때로는 그것이 서로 높다고 오르고 내리고 굽히고 펴는 사이에
뜻이 엇갈리어 그 좋은 관계를 보전하지 못하고,

학문으로 벗을 사귄 사람은
혹 경서의 뜻을 논변하거나 혹 예법의 이견으로
시비가 생겨 마침내 원수가 된 사람이
더욱 헤아릴 수 없이 많다.

오직 덕행으로 사귄 벗은
처음에는 서로 마음에 감동하여 사모하고,

오래되면 화합하여 감화되며,
마침내 금석처럼 친밀해져서 떨어질 수 없게 된다.

그러므로 벗 삼기는 지극히 어려우나
일단 삼고 나서는 변함이 없으니
이것이 군자의 벗 삼는 도리라 할 만하다.

_**〈남하창수집 서〉**

좋은 친구를 가려 만나는 일도 어렵지만, 그 관계를 오래 지켜 내는 일은 더 어렵다. 오래된 벗이라도 쉽게 갈라서고 멀어진다. 학문의 이견으로, 신념의 차이로 서로 우열을 다투다가 멀어지는 것이 친구 관계다. 다산은 여기에 해답을 준다. 덕행, 즉 올바른 덕을 기반으로 사귀면 변함이 없다는 것이다. 《논어》에 "덕이 있는 사람은 외롭지 않으니 반드시 좋은 이웃이 있다德不孤 必有隣(덕불고 필유린)"라고 했다. 스스로 자중하고 남을 배려하는 것이 올바른 도리이자 덕이기에 작고 사소한 일로 멀어지는 일이 드물다.

진실한 친구를 사귀는 것은 결코 쉬운 일이 아니다. 신중하게 고르고 잘 판단해야 한다. 하지만 그보다 먼저 해야 할 일이 있다. 무엇보다도 자기 자신이 좋은 덕을 갖춘 사람이 되는 것이다. 좋은 친구란 찾아 헤매어 얻는 것이 아니라, 자신의 인품이 불러오기도 한다.

총애를 얻고 있는가, 아니면 존경을 쌓고 있는가?

임금을 섬기는 데는 임금의 존경을 받는 사람이 되어야지,
임금의 총애를 받는 것은 중요하지 않다.
또 임금의 신뢰를 받는 사람이 되어야지
임금을 기쁘게 하는 사람이 되는 것은 중요하지 않다.

아침저녁으로 임금을 가까이 모시는 사람은
임금이 존경하는 사람이 아니며,
시나 글을 잘하고 기예를 가진 사람도
임금이 존경한다고 할 수 없다.

글씨를 민첩하게 잘 쓰는 사람도 그렇고,
얼굴빛을 잘 살피며 비위를 맞추는 사람,
자주 벼슬을 그만두겠다고 하는 사람,
권력자에게 이리저리 빌붙는 사람도 임금이 존경하지 않는다.

비록 경연에서 온화하게 말을 주고받고,
일을 처리할 때 비밀히 부탁하고,

임금이 마음속으로 믿고 의지하여 서신이 자주 오가고,
하사품이 자주 내려질지라도
그런 것을 총애나 영광으로 믿어서는 절대 안 된다.

_〈두 아들에게 준 가훈〉

사람들이 보기에 재능이 있고 처세술이 능하다 해도 좋은 신하라 할 수는 없다. 임금의 마음에 들어 총애를 받거나 비위를 잘 맞추는 사람도 마찬가지다. 다산이 벼슬을 하던 당시는 물론 오늘날까지도 많은 벼슬아치들이 보이는 모습일 것이다.

다산이 정의했던 좋은 신하란 올바른 도리를 바탕으로 임금의 존경을 받는 사람, 그리고 흔들림 없는 굳건함으로 임금의 신뢰를 얻는 사람이다. 하지만 다산은 스스로 그런 신하가 되지 못했다고 자신을 돌아본다. 임금의 총애를 받고 기쁘게는 했을지 모르나, 존경과 신뢰를 받는 신하가 되기에는 부족했다고 여겼다. 당신은 지금 총애를 얻고 있는가, 아니면 존경을 쌓고 있는가? 존경과 신뢰는 순간의 처세가 아니라, 오랜 시간 진실과 도리를 지켜냄으로써 생기는 일임을 다산은 말해 주고 있다.

좋은 친구란
찾아 헤매어 얻는 것이 아니라,
자신의 인품이
불러오기도 한다.

황금을 다 써도
사람 설득하기가 어렵다

변덕스러운 세상인심 냉정하게 바라보니
진실한 마음도 너그럽다 장담 못 하네

술잔 앞의 필력은 긴 세월도 짧아 보이고
서리 뒤의 산빛은 만 리가 차갑네

흰 나무 쟁기 있어 먹고살기는 괜찮으나
황금을 다 써도 사람 설득하기는 어렵네

한 사람만의 지기로도 충분하니
부귀한 집에 가서 환심 사려고 애쓰지 마오

_〈송옹이 오다 네 번째〉

"고독을 사랑하지 않는 사람은 자유도 사랑하지 않는 사람이다." 독일 철학자 쇼펜하우어는 '인간은 혼자일 때 온전히 자신일 수 있기 때문이다'라고 그 이유를 말한다. 인간은 본래 자연 속에서 고독한 존재이며, 본질적으로 불가피하게 혼자일 수밖에 없다. 그래서 쇼펜하우어는 모든 인간관계에 대해 회의적이었다.

다산 또한 이와 비슷한 맥락의 말을 남겼다. 그는 "오직 한 사람만의 친구로도 충분하다"라고 했다. 그런데 조선의 또 다른 학자 이덕무가 "나는 나를 친구로 삼는다"라고 고백했듯, 그 한 사람은 자기 자신일 수 있다. 고독을 두려워하지 않고 자신을 벗 삼을 줄 아는 사람은 자유롭다. 그러니 다른 사람에게 환심을 사려고 애쓰지 마라. 다산의 시처럼 세상의 수많은 관계는 너무나 변덕스러워 진실한 마음도 장담할 수 없고, 황금을 다 써도 사람 설득하기가 어렵다.

온화한 감정이
온화한 관계를 부른다

푸른 하늘과 밝은 태양, 온화한 바람과 상서로운 구름은
사람을 기쁘게 만들고 참새들이 아름다운 목청으로 노래하게 만든다.
거센 바람과 사나운 비, 매서운 우레와 섬뜩한 번개는
새들을 숲에 숨게 하고 사람들은 문을 닫는다.

뒤틀린 감정이 이 지경까지 이른다.
따라서 군자는 화합과 원기를 중시한다.

_《거가사본》

좋은 날씨는 사람을 기쁘게 만들고, 험한 날씨는 사람을 찌푸리게 한다. 심하면 두려움에 숨게도 만든다. 우리가 날마다 접하는 자연의 현상이지만, 인생사와 관계의 문제에서도 같은 현상을 경험한다. 하루에도 수많은 감정이 올라갔다 내려왔다를 반복한다. 아침에는 기뻤다가 오후에는 침울해지기도 한다.

이런 감정의 기복은 대개 사람에게서 비롯된다. 그런데 감정을 있는 그대로 발산하면 자신은 물론 다른 사람까지 지옥을 대하게 만든다. 관계는 문이 닫힌다. 《중용》은 "화는 천하에 통하는 도리다和也者天下之達道也(화야자천하지달도야)"라고 하며, 감정을 잘 다스리는 것이 중요하다고 말했다. 다산도 마찬가지로, 우리가 감정을 절제하고 온유하게 대한다면 관계는 물론 모든 것이 화창해진다고 보았다. 나 한 사람으로 나쁜 세상이 되고, 살기 좋은 세상이 되기도 한다.

절대 가까이 해서는
안 되는 사람

수신(修身)은 효우(孝友)로써 근본을 삼아야 하니,
여기에 본분을 다하지 않은 것이 있으면
아무리 학식이 높고 글재주가 좋더라도
이는 흙담에다 색칠하는 것일 뿐이다.

내 몸을 이미 엄정하게 닦았다면
그 벗을 취하는 것도 자연히 단정한 사람이다.
동류는 서로 함께 모이므로 특별한 힘을 기울이지 않아도 된다.
무릇 천륜에 야박한 사람은 가까이해서도 안 되고, 믿어서도 안 되며,
비록 온 정성을 다해 나를 섬기더라도 절대 가까이하지 마라.
끝내 은혜를 배반하고 의리를 망각하여
아침에는 따뜻하게 대하다가도 저녁에는 냉정해지기 때문이다.

_〈맏아들 학연에게 준 글〉

사람을 사귀는 기준은 능력도, 학식도 아닌 인간의 도리에 본분을 다하는 사람이다. 인륜에 어긋나는 사람은 설사 나에게 아무리 잘해도 피해야 한다. 잘못된 길 위에 선 사람과의 관계는 나의 삶을 어지럽힌다. 《주역》에서 말한 "세상은 비슷한 성질을 가진 것들끼리 모이고, 만물은 무리를 지어서 나뉘어 산다. 길흉이 그로 말미암아 생긴다^{方以類聚 物以群分 吉凶生矣}(방이유취 물이군분 길흉생의)"라는 말이 그와 같다.

하지만 이때 먼저 해야 할 일이 있다. 나 자신을 근본 위에 바르게 세우는 일이다. 내가 바른 뜻 위에 굳게 서면, 바른 뜻을 가진 사람이 저절로 모여 함께한다. 좋은 인연을 찾고 싶다면 나를 먼저 점검하는 것이 유유상종의 이치다. 다산은 바로 이 점을 맏아들 학연에게 이야기하고 있다.

잘 빚은 옹기그릇도
작은 구멍 하나에 쓸모가 없어진다

말을 조심하지 않으면 안 된다.

전체가 모두 완전하더라도 구멍 하나가 새면
이는 바로 깨진 옹기그릇일 뿐이요,
백 마디가 모두 신뢰할 만하더라도 한 마디의 거짓이 있다면
이는 바로 도깨비장난에 지나지 않을 것이니
너희는 조심해야 한다.

말을 과장하여 떠벌리는 사람은 사람들이 믿어 주지 않는 법이니
가난하고 천한 사람일수록 더욱 말을 삼가야 한다.

_〈또 두 아들에게 보여 주는 가계〉

사람은 말을 통해 자신을 드러낸다. "말은 곧 그 사람 자신이다"라는 말이 이를 잘 설명한다. 말이 유려하고 행동도 바르며 사람됨마저 훌륭하다면 그보다 더 좋을 수는 없을 것이다. 문제는 위선과 가식으로 꾸며 남을 기만하고 이익을 도모하는 데 있다. 아무리 높은 경지를 쌓았더라도 무너지는 것은 거짓되고 경솔한 한순간의 말 때문일 수 있다. 《도덕경》은 이를 두고 이렇게 말한다. "말이 많으면 빨리 궁해지니 차라리 속을 비워 지키느니만 못하다 多言數窮不如守中(다언삭궁불여수중)." 바로 다산이 두 아들에게 전한 '아무리 잘 빚은 옹기그릇도 작은 구멍 하나에 쓸모가 없어지는 것'과 같은 이치다. 다른 사람과 함께할 때 말을 조심하는 것은 예나 지금이나 가장 중요한 일이다.

상대의 잘못을 꼬집는 것보다 중요한 것

형의 본뜻은 선을 즐거워하고
의리를 사모하는 데에서 나왔겠지요.
하지만 터럭만큼도 귀신에게 아첨하거나
허망한 뜻을 품은 적이 없다고 하여, 스스로 당연하게 생각해
부끄러움이 없다고 생각할까 염려됩니다.

이런 까닭에 원망하고 번민하는 뜻이 절실하고,
자신을 탓하거나 뉘우치는 마음이 참되지 않은 것입니다.

이와 같다면 만년에 허물이 클 것입니다.
또 어찌 감히 한마디 말로
통절하게 충고하지 않을 수 있겠습니까?

_〈김기서에게〉

다산은 늘 치열하게 논쟁하고 과감하게 비판했다. 하지만 이기기 위한 싸움이 아니라 진리를 밝히기 위함에 대화의 목적이 있다고 생각했기 때문에, 당장 합의에 이를 수 없다면 그 결론은 후세로 미루는 것이 좋겠다고 판단하기도 했다. 서로 자기주장만 내세우며 섣불리 결론을 내리고자 한다면 어설픈 논쟁이 될 뿐이기 때문이다.

그런데 이 글을 쓴 다산의 마음은 어떠했을까? 함께 공부했던 김기서가 귀신을 섬긴 죄목으로 귀양을 가자, 다산은 편지를 써 보냈다. 최대한 예의를 지키면서도 통렬하게 자기 의견을 전했다. 잘못을 꼬집기보다는 진정으로 돌이키기를 바라는 마음에서였다. 편지에서 다산의 염려와 안타까운 마음이 느껴진다. 나는 왜 이런 말을 하려 하는가? 어떤 마음에서 이 대화를 하고 있는가? 단순히 상대를 비판하기 위함이 아니라 글을 읽는 이가 돌이키기를 바라는 진심으로 편지를 썼던 다산처럼, 우리가 누군가를 대할 때 꼭 떠올려야 하는 질문들이다.

다른 사람과
마음을 같이한다

일이 뜻대로 잘 풀리는 사람을 만나면 기쁘고 즐거운 마음이 들고,

일이 뜻대로 되지 않아 실의에 빠진 사람을 보면

안타깝고 연민의 마음이 생긴다.

모두 자신이 진실하게 받을 수 있는 태도이다.

다른 사람의 성공을 시기하고 다른 사람의 실패를 좋아한다면

어떻게 다른 사람의 일에 이렇다저렇다 하겠는가?

그저 자신의 마음만 스스로 무너뜨릴 뿐이다.

_《거가사본》

공자의 핵심 철학인 서(恕)는, 같을 여(如)와 마음 심(心)이 합쳐진 글자다. 직역하면 '다른 사람의 마음과 같이하다'란 뜻이다. 다산은 우리가 삶에서 적용할 수 있는 그 첫걸음을 가르쳐 준다. 다른 사람의 성공을 진심으로 기뻐하고, 다른 사람의 슬픔에 마음을 함께하는 것이다. 실제로 쉬운 일은 아니다. 아무리 친한 사이라 해도 친구가 큰 성공을 거두어 나와의 격차가 멀어질 때, 우리는 웃으며 축하해 주기는 하지만 집에 돌아와 잠자리에 누워 나도 모르게 속된 말로 '이불킥'을 하는 것이 현실이다.

다른 사람의 성공을 시기하는 마음이 생긴다면, 그 마음을 동기부여의 마음으로 바꾸어야 한다. 타인의 성공은 질투할 일이 아니라 본받을 기회고, 노력하면 그것으로 충분하다. 만약 그렇지 않다면 그와의 격차는 점점 더 멀어지게 된다. 그리고 좋은 일이든 나쁜 일이든 진심으로 그 사람과 마음을 같이해야 한다. 그것은 그 사람을 위해서라기보다는 자기 자신을 위해서다. 그렇지 않다면 다산의 표현대로 '그저 자신의 마음만 스스로 무너뜨릴 뿐이다.'

어떤 사람과
함께하고 싶은가?

조정의 사대부로서 외국에 사신으로 가는 사람을
내가 일찍이 보았는데, 평소에 어깨를 치고 발을 맞대며
가까이 지내던 동료나 친구들조차
한 번도 돌아보려 하지 않았다.
하지만 겸선만은 때때로 나를 찾아왔다.
내가 이 때문에 겸선이 벼슬에 담박한 것을 알았다.

조정의 사대부로서 외국에 사신 가는 사람을
내가 일찍이 보았는데, 수레가 길거리를 메우고
역관과 돈 많은 손님이 집에 가득하였다.
그런데 겸선이 서장관이 되어서는
문전과 집안이 평상시처럼 조용하다.
내가 이 때문에 겸선이 이익에 소탈한 것을 알았다.

대체로 벼슬에 담박한 사람은 사물을 살피는 것이 분명하고,
이익에 소탈한 사람은 부정을 다스리는 데 엄격하다.
이미 분명하고 엄격하니

서장관 임무를 수행하기에 부족함이 없는데,
내가 또 무슨 권면할 것이 있겠는가.

_〈사신으로 연경에 가는 교리 박종순을 전송하는 서〉

보통 외국에 나가는 사신들은 벼슬과 재물에 관심이 있기 마련이었는데, 겸선 박종순은 벼슬과 재물에는 관심을 보이지 않고 때때로 친구로서 다산을 찾을 뿐이었다. 이에 다산은 칭찬을 아끼지 않는다. 교만한 빛을 드러내는 친구에게는 겸손한 처신을 부드럽게 권하고, 겸손하고 담박한 친구에게는 진정한 칭찬을 아끼지 않는 사람. 존중하고 공경하는 마음을 바탕으로 삼고, 아무것도 개입하지 않은 채 진심으로 조언과 격려를 아끼지 않는 사람. 바로 다산과 같은 사람이다.

누구와 함께하고 싶은지 가만 생각해 보면 결국 내가 어떤 삶을 살아가느냐와 다르지 않다. 나는 어떤 사람을 사귀고 싶은가? 또 나는 다른 사람에게 어떤 사람으로 남고 싶은가? 결국 좋은 사람을 얻는 길은 내가 먼저 좋은 사람이 되어 주는 것에서 시작한다.

잘못된 길 위에 선 사람과의 관계는
나의 삶을 어지럽힌다.

6장

세상에 관하여

선기소축(宣其所蓄),
베풂과 가르침으로써 널리 사람을 이롭게 한다

세상에 악을 끼치는 위정자들

똑같은 우리 백성인데 누구는 상대를 업신여기고
불량하고 악독하면서도 육신이 멀쩡하게 지내고,
누구는 온순하고 부지런하고 정직하고 착하면서도
복을 제대로 받지 못하는가?

때문에 형벌로 징계하고 상으로 권장하여
죄와 공을 가리는 것으로 바로잡았으니,
이것이 또한 정치다.

똑같은 우리 백성인데 누구는 멍청하면서도
높은 지위를 차지하여 악을 전파하고 있고,
누구는 어질면서도 아랫자리에 눌려 있어
그 덕이 빛을 못 보게 할 것인가.

때문에 붕당을 없애고
바른 도리를 넓혀 어진 이를 기용하고
불량한 자는 몰아내는 것으로 바로잡았으니,

이것이 올바른 정치다.

_〈원정(原政)〉

"백성이 곤궁하면 인심이 흩어지고, 인심이 흩어지면 천명(天命)도 가버린다. 그러므로 급히 서둘러야 할 것이 정치다." 다산이 쓴 이 글 〈원정〉의 결론이다. 정치란 백성이 잘 살게 하기 위함이고, 억울한 일을 당하지 않게 하기 위함이고, 그로 인해 원망을 품지 않게 하기 위함이다. 하지만 원칙을 따르지 못하는 위정자들로 인해 백성들은 도탄에 빠진다. 이미 오래전 공자의 시대에도 가혹한 정치를 피해, 차라리 호랑이가 창궐하는 곳으로 백성들이 옮겨가기도 했다. 다산의 시대에도 그 폐해는 마찬가지였다.

오늘날은 물질적으로 더 부유하게 되었지만, 정치가 국민의 발목을 잡고 있다는 점에서는 크게 달라지지 않았다. '멍청하면서도 높은 지위를 차지하여 세상에 악을 끼치는 것', 오늘날이 가장 심한 것 같다. 《맹자》는 이렇게 이야기한다. "백성이 가장 귀하고, 사직은 그다음이고, 군주가 가장 가볍다民爲貴 社稷次之 君爲輕(민위귀 사직차지 군위경)." 정치의 무게는 오직 백성에게 있다. 정치를 하는 사람들은 이를 기억해야 한다.

사람을 살피기에
부용당이 낫다

수령이 선화당에 이르면 모두 걸음을 단정히 하고
낯빛을 엄숙히 합니다. 말을 삼가고 공손히하여
누구 하나 훌륭한 관리가 아닌 사람이 없습니다.

만약 연꽃 향기와 버들 빛이 눈을 비치고 코를 찌르며,
죽순과 고기가 어지러이 널려 있고,
어여쁜 아가씨들이 잔뜩 모여 있으며,
좋은 술로 창자를 적시고, 구운 고기로 배를 채우는 곳에 이르게 되면,
낯빛을 좋게 하고 환대하고 농담하며 거리낌이 없습니다.

여기서 소리 지르고 시시덕거리며 제멋대로 구는 사람은,
살펴보면 그 잡스러움을 알게 됩니다.
이런 자는 유능하기는 해도 경솔하고 법을 쉽게 어깁니다.

굽실대며 아첨하고 윗사람을 찬양하는 말로 빌붙는 사람은
가만히 보면 비루한 자임을 알게 됩니다.
이런 자는 반드시 앞에서 아첨하고

뒤로는 힘없는 백성을 속이는 일이 많을 겁니다.
눈빛을 흘려보내며 계집에게 정을 잊지 못하는 사람은,
눈여겨보면 물러터진 것을 알게 됩니다.
이런 자는 반드시 맡은 일에는 게으르면서
요구하고 부탁하는 일은 많을 것입니다.

무슨 고래나 되는 것처럼 술을 마시고,
벌써 취했는데도 술을 사양하지 않는 자는
살펴보면 어지러운 것을 알게 됩니다.
이런 자는 반드시 술 때문에 형법이 도를 넘게 될 것입니다.

이럴진대, 그 살피는 것이 선화당보다 낫지 않겠습니까?

_〈부용당기〉

말은 그 사람을 낱낱이 보여 주는데, 그중에서도 특히 취중에 내뱉는 말에서 꾸밈없이 그 사람의 됨됨이가 드러난다. 남을 다스리려면 사람에 대해 알아야 한다. 다산은 그 한 가지 예로 사람들이 마음을 편안하게 놓는 술자리를 놓치지 말아야 한다고 했다.

  모두가 취하는 자리라 하더라도 진중한 사람은 반드시 자신을 지키며 다른 사람들을 헤아려 본다. 반대로 흥에 겨워 먼저 술에 취해 정신을 잃는다면 사람들에게 자신의 바닥을 낱낱이 보여 줄 수밖에 없다. 사람의 본모습은 공적인 자리보다 흐트러지고 즐기는 자리에서 드러난다. 다산은 그런 의미에서 공적인 업무를 보는 곳인 선화당보다, 유흥을 베푸는 자리인 부용당이 사람들을 살피는 데 더 낫다고 보았다.

귀족 자제들의
열등한 정신 상태에 대하여

귀족의 자제만 해도 모두 쇠미한 기운을 띠고 있어
다 아랫길의 열등한 자들입니다.
그 정신 상태는 책만 덮으면 모두 잊어버리고,
품은 뜻은 하류에 안주합니다.

《시경》,《서경》,《주역》,《예기》가운데
미묘한 말과 논의를 이따금 한 번씩 말해 주어 그 향학을 권해 보면
그 꼴이 마치 발이 묶인 꿩과 같습니다.
쪼아 먹으라고 해도 쪼지 않아 머리를 눌러 낟알에 갖다 대면
부리와 낟알이 서로 닿아도 끝내 쪼아 먹지 않는 자들입니다.

아아! 장차 이를 어찌하겠습니까?

_〈작은형께 보냄〉

다산은 귀족 자제들의 나약함과 나태함을 한탄했다. 이들은 굳이 노력하지 않아도, 도전하지 않아도 귀족의 자제로서 신분이 보장되니 게으름이 생겼다. 그러나 이런 폐해는 오늘날에도 다르지 않다. 잘살고 생활이 보장된 사람들의 자녀뿐만 아니다. 부모의 지나친 보호와 모든 것을 다 챙겨서 대신 해 주려는 잘못된 자식 사랑 아래서 자라나는 아이들을 본다면 다산은 또 한 번 크게 탄식할지도 모른다.

공부든 사회생활이든, 모든 교육은 자립심을 길러 주는 것이 가장 중요하다. 스스로 해내는 힘이 있으면 그 어떤 일도 해낼 수 있다. 《맹자》는 "빨리 기르도록 조급해하는 것은 싹을 뽑는 것이다 助之長者 揠苗者也 (조지장자 알묘자야)"라고 말했다. 성장은 억지로 밀어붙이는 것이 아니라 스스로 뿌리내리고 자라도록 기다려 주는 것이다. 부모가 모든 것을 나서서 해 준다면, 아이들은 다산이 말한 '쪼아 먹으라 해도 쪼지 않고, 끝내 쪼아 먹지 않는 자들'과 같이 자랄 뿐이다.

나라의 품격은 사람들의
말과 글에서 드러난다

꼬리별이나 별똥별, 무지개 흙비를 천재(天災)라고 한다면
한밭 홍수로 무너지거나 고갈되는 것을 일러 지재(地災)라 하고,
패관잡설(稗官雜說)은 인재(人災) 중에서 가장 큰 것이라 생각합니다.

음탕하고 추한 어조가 사람의 심령을 방탕하게 하며,
사특하고 요사스러운 내용이 사람을 미혹에 빠뜨리며,
황당하고 괴이한 이야기가 사람의 교만한 기질을 고취시키며,
쇄미하고 조잡한 글이 사람의 기개를 녹여 냅니다.

자제가 이것을 읽으면 경사(經史) 공부를 울타리 밑의 쓰레기로 여기고,
재상이 이를 일삼으면 조정의 일은 하찮게 여기고,
부녀가 이를 일삼으면 길쌈하는 일에 끝내 손을 놓고 말 터이니,
천지간에 어떤 재해가 이보다 더 심하겠습니까?

_〈문체책〉

"말은 곧 그 사람 자신이다"라는 말이 있다. 이는 글에도 똑같이 적용된다. 글은 개개인의 품격을 말해 주지만, 한 나라에서 유행하는 글의 풍습은 그 나라의 품격을 말해 준다. 속된 글은 사람들을 타락시키고, 나라의 올바른 풍속도 저해할 수 있다.

정조 시대에 유행했던 글은 속되고 품격이 떨어져 정조는 물론 다산에게도 큰 걱정거리였다. 두 사람이 함께 논의했던 대책에 대한 글이다. 다산은 이 글에 이어 "글의 품격이 단정하고 우아하지 못하기는 우리나라 같은 곳이 없고, 문체가 날로 쓰러져 가기로는 요즘 같은 때가 없습니다"라고 하며, 그 대책은 나라의 가장 큰어른인 임금부터 시작해야 한다고 건의했다. "그러나 천운이 돌고 돌아서 전하께서 이를 근심하고 두려워하여 그 방법을 바꾸려고 하니, 어찌 문제가 혁신되지 않을 염려가 있겠습니까?" 다산의 말이다.

지금 우리가 사는 세상의 말과 글은 어떤가? 여전히 타락되고 훼손되어 있다. 나라의 품격과 올바른 문화를 세우기 위해 시급히 바로잡아야 할 일이다.

중국과
오랑캐의 구분

중국이면서도 오랑캐와 같은 행동을 하면 오랑캐로 대우하고 오랑캐이면서도 중국과 같은 행동을 하면 중국으로 대우한다. 중국과 오랑캐의 구분은 도리와 정치의 여하에 달려 있는 것이지 지역의 여하에 달려 있는 것은 아니다.

_〈척발위론〉

다산은 오직 중국만을 숭상하는 사대주의에 늘 반대하는 입장에 서 있었다. 물론 문화적, 학문적으로 발전했던 중국을 인정했지만, 무조건 모셔야 할 나라로 보지는 않았다. 그는 우리 민족이 가진 기질에 주목했다. 유순하고, 학문을 좋아하며, 수양과 도덕을 중시하는 조선은 충분히 자부심을 가질 만하다고 보았다.

다산은 〈동호론〉의 결론으로 이렇게 말했다. "역사에서 우리 민족(東夷, 동이)을 '자비롭고 착한 민족'이라고 칭찬함은 진실로 이유가 있다. 더구나 조선은 정동쪽 땅에 위치한 까닭으로, 그 풍속이 예절을 좋아하고 무력을 천하게 여김은 물론 차라리 유약할지라도 난폭하지 않으니 군자의 나라임에 틀림없다. 아, 이미 중국에 살 수 없을진대 살 곳은 동이뿐이다." 다산에게 나라의 위치보다 중요한 것은 그 나라를 이루어 가는 사람들이었다. 우리의 행동과 삶에 따라, 우리가 살아가는 나라의 품격도 정해지기 마련이다.

'목민심서'라 이름붙인 까닭

성현의 가르침에는 원래 두 가지 길이 있는데,
하나는 사도(司徒)가 백성을 가르쳐 각각 수신하도록 하는 것이고,
또 하나는 태학(太學)에서 공경대부의 자제를 가르쳐
각각 수신하고 백성을 다스리도록 하는 것이다.

즉 백성을 가르치는 것이 바로 목민인 것이다.
그렇다면 군자의 학문은 수신이 그 반이요,
나머지 반은 백성을 다스리는 것이다.

(…) 심서(心書)라고 한 것은 무슨 까닭인가?
백성을 다스릴 마음은 있으나 몸소 실행할 수 없기 때문에
이렇게 이름한 것이다.

_〈목민심서 서〉

다산의 마지막 말이 아프게 다가온다. 그는 백성을 다스려 잘 살게 만들고 싶은 평생의 꿈이 있었고, 그 꿈을 이루기에 충분한 능력도 있었다. 그러나 귀양이라는 현실 속에 묶여 있어야 했다. 그가 18년간의 귀양살이에서 자신을 잃지 않았던 것은 선비로서의 확고한 소신이 있었기 때문이다. 단 한 치도 흐트러지지 않는 몸과 마음의 수신으로《여유당전서》라는 놀라운 결과를 만들 수 있었다. 그리고 머나먼 유배지에서도 백성들에게 계속해서 가르침을 주었다. 목민심서라 붙인 이름에서 백성들을 향한 다산의 마음이 느껴진다. 비록 관직은 아니었지만, 책으로써 세상을 이롭게 만들고자 했다. 몸과 마음을 수신하고 세상을 향한 뜻을 저버리지만 않는다면 있는 곳이 어디든 뜻을 펼칠 수 있다.

우리의 행동과 삶에 따라,
우리가 살아가는 나라의 품격도
정해지기 마련이다.

재물로 산 덕은
만고에 오래 남는다

재물을 자기에게 쓰는 것은 남을 위하는 것이고,
남에게 베푸는 것이 자기를 위하는 것이다.

한 치의 밥 주머니에 필요한 것은
밥 한 그릇과 국 한 그릇에 불과하고,
그 나머지는 모두 주위 사람들에게 이로움이 되니,
나와 무슨 상관이 있겠는가?

재물을 남에게 주면 나의 덕이 되니, 덕은 썩지 않는 것이다.
재물로 밭을 사면 백 년을 보존하지 못하지만,
재물로 덕을 사면 만고에 오래 남게 된다.
어떤 것이 자기를 위하는 것이고, 어떤 것이 남을 위한 것인가?

_《거가사본》

다산은 우리가 겪을 수밖에 없는 마음의 갈등을 역설적으로 풀어 준다. 언뜻 보면 말이 안 되는 듯하다. 재물을 자기에게 쓰는 것이 어떻게 남을 위하는 것이고, 남에게 베푸는 것이 자기를 위한 게 되는가? 하지만 생각해 보자면, 아무리 많은 부를 쌓아도 정작 필요한 것은 하루 세 끼의 음식이니, 그 남은 부는 결국 남에게 흘러갈 수밖에 없다. 사람이 세상을 떠날 때는 단 한 푼도 가지고 갈 수 없기 때문이다. 그러나 그 재물을 남에게 베푼다면 선한 덕은 나에게 남고 길이길이 명성이 나에게로 온다. 다산은 베풀면 베풀수록 채워지는 것이 인생이라 노래했다. 베풀수록 자기를 위하는 것이고, 만고에 오래 남는 일이다.

하늘이 인재를 낸 뜻이
어찌 이러한가?

신은 생각하건대 과거 출신으로서
전하께서 발탁 등용하신 사람입니다.
그러나 신이 잠잠히 스스로를 헤아려 보면
참으로 부실하기 짝이 없습니다.

이 같은 존재로서 백성을 위하여 정치를 한다는 것은
아예 음직(蔭職)*만 못 하며,
군사를 조련하고 강궁을 잡아당기는 것은
아예 대오에 편성된 하찮은 병졸만 못합니다.

신은 서얼 중에서 학문이 깊고 초야에서 행실이 뛰어난 사람과
동등하게 평가받을 수 없다는 것이 너무나 당연합니다.
신이 뽐내고 자부할 것으로는 '과거 출신' 네 글자뿐이니,
이 무슨 이치입니까?

_〈인재책〉

● 과거를 통하지 않은 하급관리

정조는 어느 날 이렇게 한탄했다. "음직 출신의 무인, 고단한 서얼, 촌락의 상인, 초야의 사람들 등 경륜을 간직하고도 재능을 펼치지 못하는 사람들이 많으니, 하늘이 인재를 낸 뜻이 어찌 이렇겠는가?"

이에 다산은 깊이 공감하며 자신의 생각을 밝혔다. 그 서두가 이 글이다. 그는 오직 과거 출신이라는 것 외에 다른 것으로는 어떤 분야에서도 전문가에 미치지 못한다고 겸허히 고백했다. 먼저 자신의 부족함을 스스로 인식하고 인정함으로써 과거제도의 폐해와 폭넓은 인재 등용을 간언하며 이렇게 말한다. "촌락의 평민들과 서북(함경도, 평안도, 황해도)의 버려진 선비들도 마땅히 적절한 방법을 강구하여 각기 선발할 길을 열어 놓음으로써, 조정에 현명한 자의 등용이 지방이나 신분을 가리지 않게 된다면, 전하의 훌륭한 치도(治道)가 거의 천하에서 바라는 뜻과 부응하게 될 것입니다."

학벌, 출신 지역, 경제적 배경에 따라 능력이 있음에도 불구하고 기회를 얻지 못하는 사람들이 있다는 문제의식은 비단 다산의 것만은 아닐 것이다. 시대는 바뀌었는데, 우리는 과연 재능 있는 사람들이 어떤 배경을 가졌든, 마음껏 빛을 발할 수 있는 세상을 만들고 있는가? 여전히 우리에게 남아 있는 질문이기도 하다.

나라의 지도자는
여민동락한다

때는 해거름이 지났다. 저녁볕이 바위벽에 환히 비치자
자줏빛과 초록빛이 어우러져 이루 형언할 수가 없었다.
강변 모래언덕엔 향기로운 풀이 비단 같았다.
누런 송아지가 뛰놀고 강촌의 물색이 완연했다.

배에 오르자 음악이 연주되었다.
여울이라 배가 마치 살처럼 빨랐다.
여울을 지나고 나자 깊은 못이 되었다.
푸른 절벽과 자줏빛 바위가 거꾸로 비쳐 서로 부딪쳤다.
바위틈에는 여러 가지 작은 꽃이 활짝 피었고,
새들은 서로 엇갈리며 날았다.
새끼 꿩은 울고, 우는 비둘기는 입을 맞췄다.

때는 마침 봄과 여름의 사이. 초목에는 막 솟은 어린잎이
짙은 것은 초록색 같고, 옅은 것은 꾀꼬리 색 같았다.
물은 짙은 검은 빛도 있고 맑은 녹색도 있었다.
물가엔 모두 흰 자갈과 고운 모래였다.

한 번 여울이 지면 한 번 못이 나왔다.
그래서 빨리 몰다가 천천히 떠가기도 했다.
높은 산등성이는 가리어졌다가 다시 나타나곤 해서 갖가지로 기묘했다.
빨리 몰 적에는 마치 병풍처럼 늘어섰다가,
순식간에 뾰족하고 날카로운 봉우리 끝으로 변해
마치 하늘을 찌를 것만 같았다.

또 한 번 지나가면 뾰족하던 봉우리 끝은
마치 구름에 녹고 안개에 풀어진 듯 어느새 병풍이 되어 있곤 했다.
한결같이 신기루나 아지랑이 낀 나무와 같아,
나타났다 곧 사라진다.
변환이 참으로 기이한 경지였다.

_〈곡산북방산수기〉

그 당시 다산은 곡산 부사로서 고을을 훌륭히 다스리고, 춘궁기에는 곡식을 나누어 주며 백성들이 잘 살도록 했다. 바쁜 와중에도 시간을 내어 때로는 모든 수행을 물리치고, 단출하게 음악사들을 동행해 물놀이를 떠났다. 그가 즐거워하는 모습을 보고 온 고을 사람들이 함께 기뻐했다. 바로 맹자가 말했던 '여민동락(與民同樂)', 백성과 함께 즐기는 모습이다.

다산이 남긴 기록 속 풍경은 마치 그림과 같다. 글로 쓰였지만, 마치 눈앞에 그림이 그려지는 듯하다. 다산의 글에 울림이 있는 이유는 그의 마음이 늘 백성과 함께였기 때문이다. 베풀고 가르치며 사람들의 삶과 함께하는 모습이 오늘날 우리에게 필요한 지도자의 그림 아닐까?

자식에게 물려주어야 할
유산은 무엇인가?

내가 토지문서를 살펴 그 내력을 조사해 보았다.
백 년 사이에 주인이 바뀐 것이 문득 대여섯 번이나 되고
심할 때는 일여덟 번에서 아홉 번까지 있었다.

그 성질이 흘러 움직이고 달아나는 것이 이와 같다.
어찌 남에게는 금방 바뀌고 내게는 오래 그대로 있기를 바라서,
아무리 두드려도 깨져 없어지지 않을 물건으로 여기겠는가?
창기나 음탕한 여자는 여러 번 남자를 바꾼다.
그런데 어찌 나에게만 수절을 지키기 바라겠는가?
토지를 믿는 것은 창기의 정절을 믿는 것과 같다.

부자는 드넓은 밭두렁을 보면서
반드시 의기에 차서 기운을 돋워 자손에게 말할 것이다.
"만세의 터전을 너희에게 준다."
하지만 진시황이 호해(胡亥)에게 나라를 넘길 때도
그랬음을 알지 못한다.
이 일이 어찌 믿을 만한 것이겠는가?

나는 지금 나이가 적지 않아 겪어 본 일이 많다.
재산이 많아서 자손에게 누리게 하려는 사람 중에
그 뜻을 이룬 자는 천 명 중에 한두 사람뿐이다.

_〈윤종심에게 주는 말〉

다산은 토지 주인이 백 년 새 계속해서 바뀌는 것을 보고 재물의 성질을 이야기했다. 자식에게 재산을 물려주어 뜻을 이룬 자가 천 명 중에 한두 사람뿐이니, 부모가 진정으로 물려주어야 할 것이 과연 재물인가?

    누구도 자식이 잘되기를 바라지 않는 사람은 없다. 더 많은 학식을, 더 많은 재물을 물려주기 위해 사람들은 온 힘을 다한다. 특히 사회적으로 높은 지위에 올랐던, 소위 명망 있는 사람들은 이러한 경향이 심하다. 자신이 누렸던 부와 권력의 즐거움과 그것이 주는 힘을 알기에 더욱 집착한다. 하지만 그 무엇을 물려주더라도 올바른 도리를 물려주지 못하면 자식의 미래는 밝을 수 없다. 잠깐 그 영화를 누릴지 몰라도 그 삶은 허망하다. 세월이 흘러도 사라지지 않는 유산은 금방 사라질 재물에 있지 않다. 다산은 점점 더 커지고 변화하는 세상을 살아갈 자식들에게 올바른 도리를 남길 것을 당부한다.

은근히 사회를 망치는
나쁜 유형의 사람들

선행을 가로막는 사람의 행동 방식이 있다.
남의 초상을 돕는 이를 보고서는
"산 사람이 먼저 살아야지"라고 말한다.
걸인에게 베풀면 "곤궁한 친척을 구제하는 것이 더 중요하다" 말하고,
죄수를 구제하려는 이에게는
"양민을 어루만지는 것이 더 중요하다"라고 말한다.

무릇 베풂은 불행을 당한 당시에 해야 하고,
일은 쉬운 데서부터 실천에 옮겨야 한다.
우연한 접촉에 따라 마음이 움직여서
가능한 곳부터 실천에 옮겨야 한다.
이런저런 이유를 대며 남이 베푸는 행동을 힐난하는 사람은
남의 곤궁을 더욱 어렵게 만드는 사람이다.

_《거가사본》

드러나지 않게 나쁜 유형의 사람이 있다. 스스로 선행을 하지도 않으면서 다른 사람이 하는 일까지 못하도록 막는 사람이다. 이런 사람은 남에게 직접 해를 끼치지 않는 것처럼 보이지만, 오히려 더 나쁜 부류에 속한다. 다른 사람의 좋은 행위를 방해하는 데 그치지 않고, 서로 돕는 사회 전체의 분위기마저 망쳐 버린다. 또 '좋은 일을 하고 싶은데…'라고 말을 하면서 계속 미루는 사람도 있다. "내 형편이 더 나아진 후에…", "더 어려운 사람을 만나면…", "세상의 모든 어려운 사람을 도울 수는 없으니까…"와 같은 여러 이유를 대면서 자기 합리화를 한다. 다산은 만약 이런 생각이 든다면 바로 눈앞에 있는 사람부터 도움을 주라고 말한다.

《논어》는 "의를 보고도 행하지 않는 것은 용기가 없는 것이다見義不爲無勇也(견의불위무용야)"라고 이야기한다. 실천하지 않는 어떤 생각도 공상에 지나지 않는다. 옳음을 알면서도 행동하지 않는 것은 단지 옳은 일 하나를 포기한 것만을 의미하는 게 아니라 나쁜 일 하나를 한 격이 될 수 있다. 이를 경계해야 함을 다산은 말하고 있다.

배운 것을 잘못된 수단으로 쓰는 야바위꾼들

경전의 뜻이 밝은 후에야 도가 드러나고,
그 도를 얻은 뒤에야 마음이 바르고,
마음이 바른 후에야 덕을 이룰 수 있다.
그러므로 경학에 힘쓰지 않으면 안 된다.

그런데 어떤 이는 혹 선유의 설을 지켜
뜻이 같으면 두둔하고 뜻이 다르면 일제히 공격하여
감히 논의조차 못하게 하는 자가 있다.
이것은 모두 책을 빙자하여 이익을 도모하는 무리이며,
진심으로 선을 향하는 자가 아니다.

_〈정수칠에게 준 글〉

공부는 본래 자신을 닦고 세상을 이롭게 하기 위한 것이어야 한다. 그러나 이를 출세의 수단이나 자신이 속한 무리의 이익을 위한 도구로 삼는 사람들이 있다. 소위 높은 자리에 올랐다는 이들이 보이는 모습 가운데 이러한 행태가 적지 않다. 이런 자들은 진정한 학문을 추구하는 학자가 아니라, 권력을 좇아 잇속을 챙기는 야바위꾼과 같은 존재들이다.

오늘날 많은 공부를 통해 높은 자리에 올랐지만, 전문 지식과 권위를 이용해서 자신이 속한 정파나 추구하는 이념을 위해, 혹은 자신의 자녀를 위해 사용하는 사람들이 모두 이에 속할 것이다. 올바른 뜻은 사라지고 세상을 어지럽히는 사람이다.

다산은 이를 정확히 꼬집는다. 자신과 뜻이 같은 사람은 무조건 같은 편이 되고 뜻이 다른 사람은 일제히 공격해 논의조차 하지 못하게 방해하는 무리들, 세상을 이롭게 하기 위해 세워진 학문을 오히려 세상을 더럽히는 도구로 쓰는 사람들을 비판한다. 내가 배운 것들을 어떻게 사용하고 있고, 어떻게 사용해야 하는가? 다산은 우리에게 이를 묻고 있다.

진정한 선행이란 무엇인가?

부유하고 귀한 처지에 있을 때는
가난하고 낮은 사람의 고통을 이해해야 한다.
젊고 왕성한 나이의 사람은
늙고 쇠약한 나이의 힘들고 쓰린 고통을 생각해야 한다.
편안하고 즐거운 환경을 누리는 사람은
환난을 겪고 있는 사람의 상황을 절실히 느껴야 한다.
더구나 곁에서 지켜보는 처지에 있으면
급한 상황 속에 있는 사람의 괴로운 심정을 알아주어야 한다.

_《거가사본》

맹자는 "줄 수도 있고 안 줄 수도 있는데 주는 것은 은혜에 상처를 입힌다可以與 可以無與 與傷惠(가이여 가이무여 여상혜)"라고 말했다. 다른 사람을 돕는다고 하면서 도움을 받는 사람의 마음을 헤아리지 못한다면 오히려 그에게 상처를 입히는 꼴이 될 수도 있다. 아무리 좋은 덕목이라고 해도 자기 위주로 한다면 그것은 선행이 아니라 스스로를 과시하려는 행동에 불과하다. 스스로를 드러내지 않고, 아무런 보답도 바라지 않고, 어려운 사람을 안타까워하는 마음으로 베푸는 선행만이 진정한 가치가 있다.

다시 말해, 때와 방식이 맞아야 하는 것이다. 주는 자의 의도만으로는 부족하다. 받는 이의 처지와 마음을 살펴야 하고, 상황에 맞는 절제도 있어야 한다. 다산은 그런 의미에서 진정한 의미의 선행을 말하고 있다. 남을 돕는 까닭이 자신의 만족에만 머물러 있지는 않은가?

재물을 비밀리에 숨겨 두는 법

세간의 의식이나 재화는 모두 부질없는 것이다.
옷은 입으면 해지기 마련이고, 음식은 먹으면 썩기 마련이다.
재물을 자손에게 전해 주어도 끝내는 탕진되어 흩어지고 만다.
다만 한 가지, 가난한 친척이나 가난한 벗에게 나누어주는 것만이
영구히 없어지지 않는다.

(…) 그러므로 재화를 비밀리에 숨겨 두는 방법으로
남에게 베푸는 것보다 더 좋은 것은 없다.

도둑에게 빼앗길 염려도 없고, 불에 타 버릴 걱정도 없고,
소나 말이 운반해야 할 수고로움도 없이
자기가 죽은 뒤까지 가지고 가서
천 년토록 꽃다운 명성을 전할 수 있으니,
세상에 이보다 더 큰 이익이 있겠느냐?

재물은 단단하게 붙잡으려 하면
더욱 미끄럽게 빠져나가는 것이니,

재화야말로 메기와 같은 것이다.

_〈두 아들에게 보여 주는 가계〉

메기는 잡으려 하면 할수록 손가락 사이로 빠져나간다. 재물도 마찬가지다. 움켜쥐려 할수록 쉽게 흩어지고, 설사 요행히 손에 넣는다 해도 마음이 편치 않다. 누가 뺏어가지 않을까 불안하고, 더 많이 가지려는 욕심은 마음을 고달프게 만든다.

  다산은 차라리 그 재물을 나누고 베풀어, 사람들의 기억 속에 아름다운 이름을 남기는 것이 더 큰 이익이라고 두 아들에게 전한다. 바로 이것이 재물을 비밀리에 숨겨 두는 가장 좋은 방법이라고 하니, 진정 부를 대하는 어른의 지혜다.

옳음을 알면서도 행동하지 않는 것은
단지 옳은 일 하나를 포기한 것만을
의미하는 게 아니라
나쁜 일 하나를 한 격이 될 수 있다.

단단하게 나를 지키며 품격 있는 어른으로 산다는 것
다산의 문장들

초판 1쇄 발행 2025년 9월 22일
초판 3쇄 발행 2025년 11월 18일

지은이 조윤제
펴낸이 민혜영
펴낸곳 오아시스
주소 서울특별시 마포구 월드컵로14길 56, 3~5층
전화 02-303-5580 | **팩스** 02-2179-8768
홈페이지 www.cassiopeiabook.com | **전자우편** editor@cassiopeiabook.com
출판등록 2012년 12월 27일 제2014-000277호

ⓒ조윤제, 2025
ISBN 979-11-6827-325-2 03100

이 책은 저작권법에 따라 보호받는 저작물이므로 무단 전재와 무단 복제를 금지하며, 이 책의 전부 또는 일부를 이용하려면 반드시 저작권자와 (주)카시오페아 출판사의 서면 동의를 받아야 합니다.

• 오아시스는 (주)카시오페아 출판사의 인문교양 브랜드입니다.
• 잘못된 책은 구입하신 곳에서 바꿔 드립니다.
• 책값은 뒤표지에 있습니다.